被誤解的加薩

加薩是什麼地方？
透視以巴衝突的根源

岡真理

韋杰岱、蔡傳宜 ◎譯

目　次

PART 1 加薩是什麼地方？
ガザとは何か
京都大學演講（2023年10月20日）

PART 2 加薩是人類的恥辱
ガザ、人間の恥としての
早稻田大學演說（2023年10月23日）

巴勒斯坦問題相關年表

年份　事件

1894　法國爆發德雷福斯事件

1896　西奧多・赫茨爾出版《猶太國》

1897　第一次錫安主義代表大會在瑞士巴塞爾舉行

1914　第一次世界大戰爆發

1917　《貝爾福宣言》，英國支持錫安主義者在巴勒斯坦建立
　　　猶太人「民族之家」

1920　第一次世界大戰戰勝國在聖雷莫會議中決議，巴勒斯
　　　坦由英國委任統治（1923年開始）

1933　納粹黨上台掌權

1936　在英國委任統治下的巴勒斯坦，阿拉伯民眾發起反抗

1939　第二次世界大戰爆發，納粹進行大屠殺

1945　第二次世界大戰結束
　　　在盟軍占領下，出現猶太難民問題

1947　11月29日，聯合國大會通過《巴勒斯坦分割方案》，
　　　開始對巴勒斯坦進行種族清洗

1948　「納克巴」（大災難）
　　　4月，代爾亞辛村大屠殺
　　　5月，以色列宣布建國，英國結束委任統治
　　　第一次中東戰爭

12月10日，聯合國通過《世界人權宣言》

12月11日，聯合國大會通過第一九四號決議，認定巴勒斯坦難民有立即返回家園的權利

聯合國大會一致通過《防止及懲治滅絕種族罪公約》

1956 第二次中東戰爭

1957 巴勒斯坦民族解放運動「法塔赫」成立（首任主席為阿拉法特，1967年加入PLO）

1964 巴勒斯坦解放組織（PLO）成立

1967 第三次中東戰爭，以色列占領東耶路撒冷、約旦河西岸、加薩走廊、西奈半島及戈蘭高地。聯合國安理會通過第二四二號決議，要求以色列撤出占領區

解放巴勒斯坦人民陣線（PFLP）成立

1969 解放巴勒斯坦民主陣線（DFLP）成立

1970 約旦「黑色九月事件」，約旦國王下令驅逐PLO至黎巴嫩

1973 第四次中東戰爭

1974 PLO主席阿拉法特在聯合國發表「橄欖枝」演講

1975 黎巴嫩內戰爆發

1976 3月30日「土地日」，反對以色列政府強徵土地的巴勒斯坦市民，遭到鎮壓

黎巴嫩塔爾‧艾‧扎塔爾（Tel el-Zaatar）難民營發生大

規模屠殺

1980　以色列吞併東耶路撒冷並宣布其為首都

1982　以色列入侵黎巴嫩，占領貝魯特，薩布拉和夏蒂拉兩座巴勒斯坦難民營發生大規模屠殺

1985　黎巴嫩「難民營戰爭」（至1987年）

1987　第一次巴勒斯坦大起義

　　　民族解放組織「伊斯蘭抵抗運動」（哈瑪斯）成立

1990　伊拉克入侵科威特，波灣戰爭（1991年）

1993　簽署《奧斯陸協議》，巴勒斯坦臨時自治開始

1995　簽署《奧斯陸協議》的以色列總理拉賓遇刺身亡

2000　第二次巴勒斯坦大起義

2001　美國發生「911」恐怖襲擊事件

2003　美軍等國進攻伊拉克

2005　以色列從加薩走廊撤出所有定居點

2006　巴勒斯坦立法委員會舉行選舉，哈瑪斯獲勝

　　　以色列入侵黎巴嫩（達希耶原則〔Dahiya doctrine〕）

2007　哈瑪斯組建統一政府，但未獲美國承認。加薩內戰，哈瑪斯獲勝。巴勒斯坦形成加薩（哈瑪斯政權）與西岸（法塔赫政權）雙重政權

　　　以色列對加薩走廊實施全面封鎖

2008　12月，以色列攻擊加薩（至2009年1月，持續22天，

巴勒斯坦死亡人數超過 1,400 人）

2010 突尼西亞地方城市的小販穆罕默德‧布瓦吉吉自焚，
引發「阿拉伯之春」（2011 年）

2012 11 月，以色列攻擊加薩（連續 8 天，巴勒斯坦死亡人
數超過 140 人）

11 月，聯合國大會承認「巴勒斯坦」為觀察員國

2014 4 月，哈瑪斯同意與法塔赫組建臨時統一政府（因
2014 年加薩戰爭而告吹）

5 月，以色列總理納坦雅胡訪問日本，與時任日本首相
安倍晉三會晤，發表《構建全面夥伴關係的聯合聲明》

7 月，以色列攻擊加薩（2014 年加薩戰爭，巴勒斯坦
方面超過 2,200 人死亡，其中 500 名為兒童）

2017 川普總統宣布美國大使館遷往耶路撒冷（2018 年 5 月
遷移）

2018 3 月底起在加薩進行為期一年半以上的「偉大的回歸
遊行」（2018 年加薩邊境抗議事件）

2021 5 月，以色列攻擊加薩（2021 年以巴危機，持續 15 天）

2022 5 月，以色列攻擊加薩（持續 3 天）

2023 10 月 7 日，哈瑪斯主導的跨境襲擊引發以色列對加薩
地區展開攻擊

巴勒斯坦地區全圖

被誤解的加薩　　　加薩是什麼地方？透視以巴衝突的根源

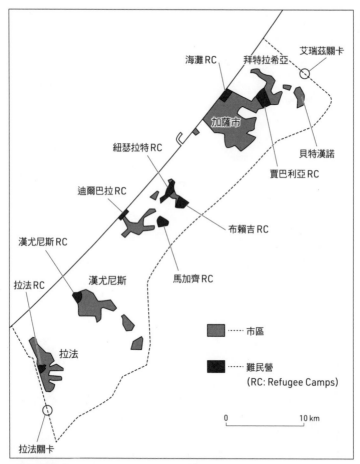

加薩地區

艾瑞茲關卡

海灘 RC

拜特拉希亞

加薩市

紐瑟拉特 RC

貝特漢諾

賈巴利亞 RC

迪爾巴拉 RC

布賴吉 RC

漢尤尼斯 RC

馬加齊 RC

拉法 RC

漢尤尼斯

■ ⋯⋯⋯ 市區

■ ⋯⋯⋯ 難民營
　　　　（RC: Refugee Camps）

拉法

0　　　　　　10 km

拉法關卡

根據《加薩通訊》一書製作的地圖，為 2000 年當時的狀況。
©Jan de Jong

中文版序：加薩，做爲希望的象徵

　　以色列對加薩發動的種族滅絕攻擊已持續了9個月，至今仍未歇。230萬居民中，有200萬人被迫離開家園，七成以上的房舍遭到破壞，死亡人數超過37,000人，其中有四成是14歲以下的兒童。

　　奪去人民生命的，不只是飛彈和砲彈。以色列利用「飢餓」做為戰略，使加薩居民陷於極度缺糧的窘境之中，特別是北部地區半數以上的居民正處於毀滅性的飢餓狀態。以色列還攻擊了醫院，殺害醫護人員，有組織地破壞醫療系統，在衛生不佳的避難生活中，傳染病蔓延，人們在沒有足夠的營養、藥物和治療的情況下相繼死亡。在這裡，即使沒有飛彈的物理性殺傷力，生命仍因結構性因素正逐漸崩潰消逝中。

　　然而加薩的種族滅絕不僅僅是人類的屠殺。

　　加薩擁有四千年的歷史，經歷了希臘、羅馬、拜占庭、阿拉伯伊斯蘭、鄂圖曼帝國等多重文明的洗禮。加薩最大也最古老的大奧馬里清真寺（Great Omari Mosque）是在巴勒斯坦地區僅次於耶路撒冷的阿克薩清真寺（Al-Aqsa Mosque）的第二古老清真寺，最初是古羅馬祭祀眾神的神殿，在羅馬帝國將基督教定為國教後，它成為了基督教教堂，7世紀阿拉伯帝國征服此地後轉為清真寺。如今，象徵加薩多重文明歷史的這座清真寺也化為瓦礫灰燼。

這不是無差別攻擊的附帶損害，而是以色列刻意摧毀了加薩兩百多處的歷史遺跡、圖書館、博物館及文化中心等見證加薩歷史的紀錄和記憶場所。這是文化性的種族滅絕，是歷史的屠殺、記憶的屠殺。他們透過抹去實際存在過的歷史記憶，企圖將加薩變成歷史的真空。

人是歷史性的存在，身分認同由歷史塑造而成。個人的歷史、民族的歷史、共同體的歷史……巴勒斯坦人能成為「巴勒斯坦人」這一政治主體，是因為巴勒斯坦這片土地的歷史是他們自身存在不可分割的一部分。而如今，巴勒斯坦人的這個歷史性身分的依據，即土地的物理性記憶，正遭到策略性地摧毀。

屋舍的破壞也是如此。家不單是遮風避雨的牆身與屋瓦，它是家族集體記憶的場所。對於七成都是難民的加薩居民來說，家意謂著自1948年以色列建國，因種族清洗被迫離開故鄉，做為難民來到加薩後的76年來，他們在這片土地上的生活。這包括在難民營的帳篷生活、近60年的占領、兩次起義、超過16年的封鎖、永無止境的軍事攻擊和集體屠殺——那無數的苦難記憶與每次共度難關的抵抗記憶。而當這些屋舍變成瓦礫，意謂著傳承其中的家族歷史以及整個共同體的歷史都被粉碎殆盡。

以色列正在加薩進行的，是對「巴勒斯坦人」這一歷

史存在的抹殺；試圖抹去巴勒斯坦人在巴勒斯坦土地上歷史存在的痕跡。這無異是一場對巴勒斯坦人的浩劫。

包括日本在內的「西方」諸國主流媒體，將2023年10月7日哈瑪斯（Hamas）主導的跨境突襲描繪成一場毫無來由的、突然的恐怖攻擊，並將以色列的攻擊視為對這一恐怖攻擊的「自衛」戰。然而，在這樣的報導裡，存在著雙重的歷史遺忘和隱瞞。

如同聯合國祕書長古特瑞斯（Antonio Guterres）所言，哈瑪斯的攻擊並不是無中生有的。歷史並非在10月7日突然開始，在此之前，已有以色列的種族清洗、長期的占領與封鎖，以及種族隔離的暴力歷史。在這些暴力下，巴勒斯坦人近80年來一直被剝奪人權、基本自由，過著無人道的生活。目前在加薩所發生的，是追求從殖民統治枷鎖中解放的巴勒斯坦人，與竭盡全力維持殖民統治並施加毀滅性暴力的殖民主義國家之間的「殖民戰爭」。然而，包括日本在內的西方媒體，掩蓋了這一歷史事實。

還有一點，他們都忘了，在反殖民抗爭中，被殖民者一方也會行使屠殺暴力的歷史事實。這些暴力是抵抗的暴力，只有在面對殖民主義的暴力時才會出現。當然，因抵抗衍生出的暴力，仍必須審判其戰爭罪行，然而，若不進而批判根源上的暴力（即殖民主義的暴力和占領的暴

力），僅僅譴責抵抗的暴力，這是不符合歷史事實且不公正的。如同若沒有日本在台灣的殖民統治，就不會有霧社事件；如果沒有滿洲國的建立，也不會有1932年反滿抗日游擊隊對撫順煤礦的襲擊。同樣的，若沒有以色列的種族清洗、占領和種族隔離等暴力，就不會發生10月7日的跨境突襲，更不會有民族解放組織哈瑪斯的存在。

　　世上的歷史證明，殖民國家總是以巨大的毀滅性暴力來應對被殖民者的抵抗暴力。我們觀看亞洲、日本的歷史正是如此。那些不譴責以色列的種族滅絕行徑，反而試圖在歷史脈絡下理解哈瑪斯攻擊行為是「反猶太主義」的人，恰恰是那些未反思自身殖民主義侵略歷史的國家，包括那些曾經的帝國（英國、法國、德國、義大利、日本）和殖民者國家（美國、加拿大、澳洲）。日本外相上川陽子在2023年10月27日訪問以色列大使館時向以色列表明「感同身受」之意，正是這種態度的明顯展現。

　　加薩的種族滅絕暴露了，我們所生活的這個現代世界依然由與19世紀無異的殖民主義國家，也就是這些國際卡特爾（cartel，或稱獨占聯盟）所支配。在加薩人民遭到大規模屠殺的同時，一個月後在巴黎將舉辦以「和平盛典」為號召的奧運會。當在加薩發生與「和平」完全背道而馳的事件，卻還舉行這樣的「和平盛典」，仔細想想，

這一點也不奇怪。因為，這些舉辦盛典的資本主義推動者正是支持猶太人至上主義和種族隔離國家以色列，並暗中支持其種族滅絕行為的國家。事實上，奧運會所揭示的「和平」以及西方國家宣揚的「自由」、「民主主義」和「法治」，與昔日那些帝國所謳歌的「文明化使命」或「解放亞洲」一樣，只不過是掩蓋其內在不公正的虛假招牌罷了。

殖民主義並未結束。加薩，以及整個巴勒斯坦，這些場所凝聚了近代五百年來歐洲和美國全球殖民主義歷史及種族主義的種種矛盾。因此有人說：「巴勒斯坦獲得解放，世界也將獲得解放。」

如今，「加薩」已成為人倫淪喪的代名詞。然而，請試想，如同當前全球聲援巴勒斯坦示威抗議中所高舉的口號，倘若從約旦河到地中海沿岸的巴勒斯坦都獲得解放……在這片充斥著歧視、壓迫、殺戮和破壞的土地上，昔日的壓迫者與被壓迫者能夠成為朋友、鄰居，並且比肩圍坐在同一張餐桌旁。那時，巴勒斯坦將成為照耀世界的燈塔。在這樣的歷史願景下，「加薩」會成為我們的「希望」的代名詞，成為象徵著我們尚未見過、最美的明日世界的詞彙，鼓舞著我們追求歷史正義的戰鬥。

2024 年 6 月 30 日
寫於花岡礦山起義 * 紀念日
岡 真理

前言

2023年10月7日，以哈瑪斯為首的巴勒斯坦武裝組織發動了跨境襲擊，隨之而來的是，以色列發動了前所未有、近乎種族滅絕的攻擊。而發動攻擊後僅僅兩週，在加薩的巴勒斯坦人死亡人數已超過了4,000人，其中近一半是兒童。

在我們生活的同一片土地上，如今正進行著種族滅絕行動。儘管主流媒體每天都在報導加薩的情況，但其內容既不符合事態的嚴重性，也未能傳達問題的核心。加薩70%的居民為什麼、又是怎麼成為「難民」的？在長達16年以上的封鎖下，加薩居民是如何被迫生活──以及死亡的？以色列究竟是怎樣的國家？關於這些對理解問題結構至關重要的部分，主流媒體始終保持沉默（報導事件的同時，通過這些報導反而扭曲與隱藏真相，這正是愛德華・薩依德（Edward Wadie Said）批判的典型「伊斯蘭報導」，他稱之為「遮蔽的伊斯蘭」〔Covering Islam〕）。

在這樣的情況下，一些京都市民志工團體邀請我做為講師，舉辦了與加薩走廊相關的緊急學習會（10月20日，京都大學）。同時，參加10月16日在以色列大使館前抗議活動的早稻田大學等學生也策畫了緊急研討會，並給予我演講的機會（10月23日，早稻田大學）。演講皆以線上直播的方式進行，之後隨即在網路上公開。

日本大和書房的編輯出來幸介先生在早稻田講演三天後聯絡我，表示希望將這兩次講演內容整理成書並緊急出版。於是我們以年底前出版為目標，僅僅在40天這個非常短暫的時間內完成了這本書。因為，我們希望儘快能讓更多人了解、讓更多人知道現在在加薩發生的，事實上是一場種族滅絕行動；在21世紀的今日，我們竟然容許這種前所未有的種族滅絕攻擊。為什麼會發生？是什麼讓這一切成為可能⋯⋯並呼籲更多人響應：停止種族滅絕，改變這個現實。

本書收錄的演講皆為臨時舉辦、從規畫到付諸實行僅數日的時間，因此幾乎沒有時間準備詳細的稿件。在十萬火急出版此書時，時間極為有限，在這期間盡可能地增補和修正了演講內容，糾正了口誤或記憶錯誤等事實問題，並符合書籍特性替換了演講中展示的部分幻燈片。儘管我們盡了最大的努力，但由於時間緊迫，可能仍存在不少瑕疵。考量到這一緊急情況，如能諒解，不勝感激。關於第一部和第二部中重複的部分，若我們認為這部分指向問題的核心，也刻意保留而不加以刪減。此外，在後續事態有許多已確認的新進展，然考慮到本書是基於攻擊開始後兩週內舉辦的講稿，我們並未將演講會舉行時尚未查明的事實加入內文之中。

在準備出版之際，以色列也正迅速對加薩走廊實施大規模破壞以及大規模屠殺。發動攻擊後第53天，加薩衛生部的發表顯示，確認的死亡人數已超過15,000人，其中60,150人是兒童。

這些演講能夠以書籍形式發行，並讓更多人了解加薩悲劇根源的真相，固然值得高興，但想到真相是以超過6,000名加薩兒童的生命為代價——這些孩子在封鎖下的加薩出生，僅知道封鎖下的加薩，並在那裡逝去——令人備感無奈與哀痛。

本書得以順利付梓，是市民、學生、教師、記者和編輯等體認到，做為人類，不應當容許任何人經歷這樣的悲劇，並將對此悲劇的憤怒化為行動的合作結果。感謝策畫和主辦京都大學演講的「緊急學習會 加薩是什麼地方 執行委員會」的各位；感謝規畫和主辦早稻田大學演講的「想想生活在『巴勒斯坦』的人們 學生青年志工團體」的各位，並對所有協助這些演講會的舉辦和本書的製作出版的各位，致以衷心的感謝。最後，特別感謝大和書房編輯出來幸介先生，他企畫了本書的緊急出版，並在短短一個多月內為實現此一目標付出了莫大的努力。

截至今日11月29日，自24日起為期四天的加薩停火協議又延長了。接下來是否會永久停火，或是停火期限

結束後以色列將次展開無差別轟炸仍無法確定。本書出版時，這場大規模屠殺攻擊是否已經結束，或仍在繼續，亦或加薩與加薩人民的情況如何，我們都無從得知。唯一能確定的是，即便這次種族滅絕攻擊結束了，只要以色列不終止種族隔離政策，加薩走廊、約旦河西岸和在以色列的巴勒斯坦人依然會遭到剝奪自由、人權以及有尊嚴地生活的權利，他們的爭鬥將會持續下去。

　　現在種族滅絕的戰爭仍持續進行中，呼籲「立即停火」是絕對必要的。只是，僅僅如此並不能解決問題。如果這些犯下非人道罪行的當事者，仍像以前一樣未能視為戰爭罪犯加以處罰，這樣的事情將再度發生。我們必須嚴正懲罰以色列的非人道罪行和戰爭罪行。此外，國際人權組織所稱的「世界責任」，即結束以色列的種族隔離制度，也是我們這些世界公民的責任。希望讀者通過本書，能理解到，我們現在以及未來都必須為此行動。

　　我們相信，從河流到海洋，巴勒斯坦將會獲得自由。我們相信，加薩不再是人類悲慘命運的匯聚之地，而是我們種下彩虹般未來的土地。

2023 年 11 月 29 日

寫於聲援巴勒斯坦人民國際日

岡 真理

PART 1

加薩是什麼地方？

ガザとは何か

京都大學演講（2023年10月20日）

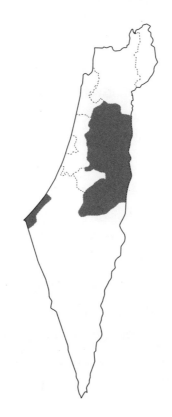

在講演開始之前，首先讓我們為現在在加薩，以及1948年遭到占領並成為以色列的土地上，死去的巴勒斯坦人及以色列人──那些本不該死去的人──默哀一分鐘。能不能請先關燈？

　　那麼，請默哀。

　　謝謝各位。

　　目前在加薩，大部分地區的燃料和電力都已被切斷，處於一片漆黑之中。在這種情況下，無論白天還是晚上，轟炸未曾間斷；居民的飲用水和食物也將糧盡援絕。

　　這次的學習會真的是緊急策畫的。

　　自10月7日起的這場戰事，無論在日本，甚至在自稱文明國家的主流企業媒體中，我們都感到僅僅報導了這個問題的極小部分。問題的根本是什麼，這一最重要的部分根本無人提及。因此，為了重新回到問題的根本所在，我們緊急舉辦了這次學習會。

　　當初我們打算以小規模形式舉辦，並未計畫在線上直播或公開，希望能面對面的詳細討論。然而，才過了幾天，事態的發展已經顯示出，現在發生的事情無疑是種族滅絕（大規模屠殺）。為了制止這場種族滅絕，每一位世界公民都應盡其所能。

因此，為了讓更多的人了解這一情況，我們得到了IWJ（Independent Web Journal）的好意支持，決定進行直播。雖然過程中十分匆忙，可能有許多不周之處，但看到這麼多人在短時間內前來聆聽，我感到非常高興。感謝大家的到來。

　　那麼，由於時間有限，我們就直接進入正題。

每年舉行的以色列仇恨遊行

　　首先，請大家觀看一段影片。*雖然這並不是大家樂意觀看的內容……

　　這是被稱為「國旗遊行」（Flag March）的以色列右派示威活動。以色列在1967年軍事占領了東耶路撒冷地區，並於1980年違反國際法將其併入並宣布耶路撒冷為其首都。在耶路撒冷，以色列每年會在所謂的「獨立紀念日」舉行大規模的活動。在活動中，他們用希伯來語高喊「阿拉伯人去死」、「我要燒毀你的村莊」等口號。

　　所謂「阿拉伯人」指的是巴勒斯坦人。這個遊行在東耶路撒冷舉行，這是個以巴勒斯坦人為主的街區，有許多巴勒斯坦人在這裡生活。此外，以色列國內人口的兩成也是巴勒斯坦人，然而，遊行者卻高喊著「阿拉伯人去死」。

　　「舒阿法特（Shuafat）在燃燒。」舒阿法特是耶路撒冷郊外的一個巴勒斯坦難民營。這裡住著在1948年家園被侵占、遭到種族清洗，成為難民來到耶路撒冷的巴勒斯坦人。

　　「穆罕默德已死」。這裡指的是伊斯蘭教的先知穆罕默德。

　　「夏琳就是個婊子。」夏琳指的是夏琳‧阿克利赫（Shireen Abu Akleh），她是一名巴勒斯坦裔美國記者，2022年在約旦河西岸地區採訪時遭到以色列士兵狙擊射殺。以色列

軍方最初聲稱她是在兩軍交戰中被巴勒斯坦好戰分子的子彈擊中。然而，當時並沒有發生戰鬥，後來以色列承認是自家士兵射殺了她。

這種煽動對巴勒斯坦人仇恨犯罪的仇恨遊行，每年都由以色列的猶太人舉行。在這段影片的最後，一名揮舞著巴勒斯坦旗幟的年長巴勒斯坦男子正對著遊行群眾表示抗議，之後他隨即遭到多名警察襲擊並制伏。

在東耶路撒冷的舊城區內有猶太教、基督教和伊斯蘭教的聖地。東耶路撒冷在1967年第三次中東戰爭中，連同約旦河西岸地區和加薩地區遭到以色列軍事占領。戰後不久，聯合國安全理事會通過決議，要求以色列撤回到綠線（1949年第一次中東戰爭的停火線）內（安理會242決議）。然而，直到現在以色列仍未履行該決議。1980年，以色列違反安理會決議，將持續占領的東耶路撒冷併入以色列領土，明顯違反國際法。隨後，以色列宣布東西合併的耶路撒冷為其首都。

美國自以色列建國以來一直是以色列最忠實的盟友，但未將大使館遷至耶路撒冷。原因是，大使館的遷移意謂著承認耶路撒冷為以色列的首都，這是對國際法的踐踏。然而，在2018年川普執政時期，美國卻將大使館遷移以色列違反國際法而合併的耶路撒冷。

自 1967 年的占領以來，特別是 1993 年簽訂《奧斯陸協議》以後，直到現在，以色列在占領地區仍在擴張有違國際法的定居點建設，並強力推進耶路撒冷和約旦河西岸地區巴勒斯坦居民的種族清洗。

　　從開頭提到的耶路撒冷「國旗遊行」一事，我們可以了解以色列這個國家的部分本質。

　　針對此次以色列攻擊加薩，也有猶太人發出抗議之聲。2023 年 10 月 18 日，美國有 500 名猶太裔市民占領了美國國會大廈。他們在國會外舉行的抗議集會也吸引了大量市民參加。一名猶太婦女表示：「正因為我是猶太人，依據猶太教的教義，我要譴責以色列現在的所作所為，並指控這是種族滅絕。」以色列自稱是大屠殺犧牲者猶太人的國家，日本媒體也常以這種觀點來報導，我們也常認為以色列的主張似乎就代表了所有猶太人的觀點。然而，正是因為是猶太人，尤其是經歷過大屠殺的猶太人，世界上有許多猶太人並不認同以色列這個國家。

* https://twitter.com/972mag/status/1531204214751469570
 video by @OrenZiv（以色列仇恨遊行）

四個要點

今天，我想強調四個要點。

第一，目前正在發生的無疑是種族滅絕（大規模屠殺）。

當我們看電視新聞節目時，會發現報導的重點在於地面戰何時發生，發生後會怎樣（截至2023年10月20日）。我也收到媒體的採訪邀約，希望我在地面戰發生後做出評論。

但是，問題不是「地面戰發生後」。從過去的例子來看，一旦地面戰發生，死亡人數會急劇上升，後果將極其嚴重。那麼，現在發生的事情是否已經很糟糕呢？當然是的。現在正在發生的事情就是種族滅絕，是極其嚴重的情況。

第二，日本的主要媒體在這場種族滅絕中扮演了幫兇的角色。自10月7日以來，甚至在此之前，他們刻意「不報導」加薩和巴勒斯坦的真實情況來掩蓋事實。

特別是10月7日以來發生的事件，日本媒體沒有任何批判地接受並傳播以色列單方流出的資訊，將事件形容成「恐怖組織哈瑪斯發動恐怖攻擊」。這種情況不僅發生在日本，美國和歐洲的主流媒體也無一例外。

再加上媒體只關注比如伊朗、俄羅斯、中國等國家之間的國際政治話題。我必須強調，通過報導缺乏歷史脈絡的即時新聞，同樣也是一種對種族滅絕的助紂為虐。

如今，種族滅絕正在發生，我們必須設法阻止它。那麼，問題的根源是什麼呢？如果媒體能夠深入報導問題的核心，可能有更多人會站出來發聲。然而，許多人聽到「暴力的連鎖」或「仇恨的連鎖」這類說法後，認為雙方都有錯，導致無法進一步解決問題。我想說，請不要相信使用這些話語的媒體。

　　「暴力的連鎖」和「仇恨的連鎖」並不是重點。這種將事件簡化為這類話語的報導本身，我認為這是犯罪行為。通過使用這些詞語，最終會使這件事變成「別人的事」，導致人們不發聲、保持冷漠。

　　若將在巴勒斯坦發生的事歸咎於雙方的仇恨，認為因此暴力不斷，雙方都有錯，並保持超然的立場，會讓我們也成為這場正在眼前、在同一個地球上發生的種族滅絕的共犯。

　　第三，報導中被抹棄的歷史脈絡。即以色列這個國家是由殖民者建立的殖民地國家，並且對巴勒斯坦人實行種族隔離（基於特定種族至上主義的種族歧視國家）的事實。

　　你曾在主流媒體的電視或報紙報導中，聽過「以色列是通過殖民主義侵略建立的國家，是種族隔離國家」這樣的說法嗎？主流媒體不報導這些歷史事實，實際上是在積極隱瞞問題的根源。

最後，以色列至今犯下無數戰爭罪、違反國際法和安理會決議，但國際社會從未對其進行過嚴格的審判。對以色列的不處罰以及對其行為的縱容，在國際社會上已成為一種「傳統」。

試與烏克蘭比較。俄羅斯入侵烏克蘭後，國際刑事法庭立即行動，對普丁總統發出了戰爭罪的逮捕令。

然而，巴勒斯坦方面要求國際刑事法院調查「2014年以色列對加薩的攻擊」是否觸犯戰爭罪的請求，卻花了5年時間才得到回應。即便決定進行調查，依然遭到擱置。結果，尚未啟動調查，卻又發生了這樣的事件。

現在在加薩對巴勒斯坦人展開種族滅絕行動的是以色列，但促成這場種族滅絕的原因是國際社會長期以來的雙重標準。

公正的標準應該是一致的。不能「這邊適用，而那邊不適用」。這樣，並不是真正的公正。

要實現「公正」，適用標準必須對所有人一視同仁。

然而，像烏克蘭這樣對美國有利的情況下，國際法和人權得以大聲主張，媒體也同步宣傳；而當情況對美國不利的時候，國際法和人權則完全遭到忽視。**國際社會的雙重標準已持續了數十年，是我們默許了這種情況的發生。我們真該好好反思這一點。**

以色列發起的種族滅絕

再次強調，目前發生在加薩的戰爭，根據「種族滅絕」一詞顯示的所有定義，無疑就是種族滅絕。

以下是1948年聯合國大會一致通過的《防止及懲治滅絕種族罪公約》中的部分內容摘錄。

《防止及懲治滅絕種族罪公約》(摘錄)：1948年簽署，1951年生效。

第一條　締約國確認滅絕種族行為，不論發生於平時或戰時，均係國際法上的一種罪行，承允防止並懲治之。

第二條　本公約內所稱滅絕種族係指蓄意全部或局部消滅某一民族、人種、種族或宗教團體，犯有下列行為之一者：

（a）殺害該團體的成員；

（b）致使該團體的成員在身體上或精神上遭受嚴重傷害；

（c）故意使該團體處於某種生活狀況下，以毀滅其全部或局部的生命。

以色列現在及之前對加薩的巴勒斯坦人所做的，正是這些條文中所描述的行為。

然而，那場自10月7日開始的事態，卻僅僅從「哈瑪斯與以色列之間的戰爭」這一極其局限且錯誤的觀點來看待。關於加薩與巴勒斯坦的短、中、長期發生的一切都被忽略了。

　　例如，根據聯合國人道事務協調廳（OCHA）的統計，2023年約旦河西岸地區在10月7日的攻擊開始之前，已有205名巴勒斯坦人遭到殺害，其中41人是兒童。

　　約旦河西岸被稱為巴勒斯坦「自治區」，但實質上無疑就是個殖民地。以色列奪取了巴勒斯坦人的土地，在西岸地區不斷建立定居點，並安置以色列的猶太公民。這是違反國際法的。這些定居者經常武裝襲擊西岸的巴勒斯坦人。他們成群結隊地向巴勒斯坦人的房屋和車輛丟擲石塊，這已成為他們的日常。他們焚燒巴勒斯坦農民賴以維生的橄欖樹田，縱火燒毀房屋，有時甚至殺害巴勒斯坦人。而這一切都在以色列軍隊的保護下進行。僅2023年1至6月的半年間，這些定居者就發動了多達600起的暴力事件。

　　此外，目前擔任以色列的國家安全部長、極右派政黨的黨首伊塔馬爾・本－格維爾（Itamar Ben-Gvir），多次前往耶路撒冷的伊斯蘭聖地，故意挑釁，聲稱這裡屬於猶太人的。這些事都發生在約旦河西岸，而非加薩。

面對這樣的暴力，如果巴勒斯坦人試圖反抗，他們會在當場遭到逮捕，並關進以色列的監獄，沒有審判，而且拘留期限可以無限延長。根據半島電視台的報導，截至10月7日止，已有超過5,000名巴勒斯坦兒童、女性和男性被以色列關押在監獄中，這是以色列透過直接暴力和制度性暴力施加的「無法無天」行為。

封鎖下的加薩反覆遭受攻擊

自1967年以來，加薩走廊與西岸地區已被以色列占領50年以上之久。從2007年起，加薩更是遭到以色列全面封鎖。做為占領國，以色列本應負有保障被占領地區居民生活的義務，但卻選擇了完全封鎖。

無論是物資還是人員，只有以色列許可的才能進出。燃料、食品、藥品等生活必需品以及原材料只能以最低限度進入加薩。加薩生產的物品也無法運出，導致加薩的經濟基礎崩壞，許多居民陷入赤貧之中。自全面封鎖那天起，至今已整整16年，如今進入第17年。在這16年間，加薩像袋中老鼠般，從陸、海、空遭到四次大規模軍事攻擊，且每次攻擊的規模都在擴大。這些反覆的攻擊使得加薩的民間基礎建設完全被破壞殆盡，也就是說，加薩的人道危機並非因為此次事件才發生的。以色列的非法全面封鎖，加薩早在數年前就已陷入了人為造成的人道危機之中。

所謂加薩受到反覆攻擊究竟是怎樣的狀況呢？

在封鎖一年後的2008年12月至2009年1月期間，加薩飽受為期22天的攻擊，超過1,400名巴勒斯坦人被殺害。2012年11月，為期8天的攻擊造成了140人死亡。當這些傷痛尚未痊癒之際，2014年7月至8月，又發生了持續51天的攻擊（2014年加薩戰爭），根據聯合國公布的數據顯示，當時加薩有超過2,200人遭到殺害。

加薩目前的人口約為230萬人，而在2014年加薩戰爭期間的人口為180萬。180萬人中有2,200人被殺害，依照人口比例換算，相當於日本人口15萬，換言之，在51天內，相當於在日本有15萬人遭到殺害。

　　1945年8月6日到12月底，美國投下原子彈後，廣島因感染輻射死亡的人數約為14萬。雖然2014年對加薩的攻擊中並未使用核武器，但依據火藥的使用量，其火力已相當於廣島原子彈的威力。難道說，這不是種族滅絕嗎？早在2014年，種族滅絕就已在加薩發生。

　　然後到了2021年5月，也就是2014年加薩戰爭7年後發生的事。這次攻擊持續了15天，雖然時間較短，但當我在電視上看到遭到破壞的景象，還是被其慘狀驚嚇了。當然，之前的攻擊也令人震驚，他們將人圍困在一個地方，對無處可逃的居民進行如此猛烈的轟炸。想起2008、2009年發生第一次攻擊時，我甚至在京都大學的集會上以「人性的臨界點」為題抨擊此一惡行。然而，巴勒斯坦的情況只有每下愈況。當你覺得發生這種事情難以置信時，下一次發生的事總會輕易超乎你的想像。

　　2021年5月的攻擊破壞力真的非常驚人。而如今，比那時更猛烈的攻擊正無差別地進行著，破壞力之大，已難以相較。

在2014年加薩戰爭期間，加薩人民到聯合國創辦的學校等設施避難，因為這些設施按理不應該遭到攻擊。然而，這些成為避難所的聯合國設施也被轟炸了，數十名避難的民眾與聯合國工作人員因此死亡。以色列則聲稱，哈瑪斯在聯合國的學校內藏有火箭彈發射器。聽到這樣的說法，世人普遍會認為哈瑪斯拿平民當人肉盾牌；或者，由於不清楚雙方誰的說法更為正確，便暫時保留判斷。無論如何，當時沒有人譴責攻擊聯合國設施的以色列。這正中了以色列的計謀。無論進行何種非法攻擊，只要說是「因為哈瑪斯」如何如何，就能避免受到譴責。等到日後真相大白，世界早已忘記那件事的存在了。

然而，在此次攻擊中，以色列甚至沒有做出這樣的辯解。或許是因為他們認為，加薩地區地下遍布著哈瑪斯的隧道，無論攻擊哪裡、攻擊多少，都不需要多做解釋。

在目前的攻擊中，以色列發射了白磷彈。白磷彈是一種照明彈，只要與空氣接觸，便無法熄滅。一旦沾到皮膚，就會燒穿肌肉直至見骨。如果不小心吸入，則從體內燒焦你的肺部，這是一種不人道的武器。在2008至2009年的第一次攻擊中，以色列軍隊使用了這種武器，造成許多人傷亡。各位只要在網路上搜索「Gaza white phosphorus（加

薩 白磷彈）」，會跳出許多受害者的照片，其中還有被白
磷彈燒焦的嬰兒照片。

在日本的媒體發表基準中，這樣的暴力圖像是不應該
公開傳播的。然而，我認為我們有責任去正視這些圖像，
了解現在在加薩走廊，巴勒斯坦人正經歷著什麼。在此特
別說明，並展示給大家看。（照片省略）

以色列在 2008 至 2009 年的攻擊中使用白磷彈，受到
全世界的譴責。此後，以色列更重視不在國際輿論上樹
敵、避免遭到全球譴責，而不是僅僅追求攻擊力和破壞力
的戰術效果，因而限制了白磷彈的使用。然而，這次他們
再次使用了白磷彈。據報導，已有燒得焦黑的屍體被送到
了醫院。

---

* https://electronicintifada.net/blogs/ali-abunimah/how-many-bombs-has-
israel-dropped-gaza（以色列對加薩投下了多少枚炸彈？）

對外發聲困難

　　此外，現在電力供應也已中斷。少數經濟條件較好的居民可能儲備了燃料，還能自行發電，加薩當地的醫院正在呼籲，希望這些人能提供燃料。以色列告知住在加薩北部的民眾，如果珍惜生命就應前往南部。然而，那些遠離家園移動中的人無法為自己的手機或電腦充電。

　　一名巴勒斯坦資訊網的當地記者寫道：「以色列不希望他們在加薩犯下的罪行被世界知道，所以全面阻斷了加薩的供電。」即使在過去的攻擊中，也很少有電力供給，但每天至少仍有幾小時的供電時間，讓加薩居民能在此期間為電腦和手機充電，並向世界傳遞正在發生的事情。此次隨著加薩全境斷電，資訊的傳遞變得極為困難，對外發聲大幅受到限制。

以色列的情報戰

　　以色列投入了大量國家預算進行情報戰。一旦以色列的犯罪行為受到譴責，他們會立即發布虛假的反制訊息。

　　例如，在2000年9月發生的第二次巴勒斯坦大起義（以色列占領下的民眾，因反抗占領而進行的集體起義）期間，一個名叫伊瑪恩・哈瑪斯的13歲少女在加薩被以色列士兵射殺，身中十幾槍。全球引發了對以色列的譴責。對此，以色列方面則發布訊息聲稱，少女的背包裡藏有炸彈，並試圖接近以色列士兵投擲炸彈，士兵是出於自衛才開槍殺害她的。

　　這樣的說法，我們很難確認真相。結果，「一方這樣主張，另一方那樣說。我們無法確定，因此暫且保留判斷。」同樣在第二次巴勒斯坦大起義期間的加薩，一名叫穆罕默德・杜拉的12歲男孩在和父親購物回來的路上捲入槍戰。當時父親高喊著「這裡有孩子，不要開槍」時，男孩被射殺了。前來救援的急救隊員同樣遭到狙擊。對醫務人員的攻擊也是違反國際法的行為。

　　一段男孩在父親懷中斷氣的影片傳遍了全世界，這次同樣引發了全球對以色列的譴責。針對此事，以色列聲稱那是被巴勒斯坦軍方的子彈擊中的，並非以色列所為。然而，我們對此無法驗證真偽。

　　在約旦河西岸遭到狙擊殺害的記者夏琳・阿布・阿克

利赫也是如此，以色列總是對自己的行為發表虛假的反駁資訊，聲稱「那是巴勒斯坦方面所為」。這是以色列常用的手法。這一次，他們也一再宣傳：「恐怖分子哈瑪斯入侵以色列，在吉布茲（Kibbutz，以色列的集體農場）殘忍地砍下孩子的頭顱，將他們燒死，並強姦婦女。」

身為長期觀察以色列對巴勒斯坦人作為的人，我可以說，以色列總是將自己所做的事情，說成是對方所為並加以渲染宣傳。

以色列深知燒死兒童的畫面會對世界造成的巨大衝擊，因為他們在加薩使用白磷彈的經驗中曾吃過苦頭。於是他們才發表了這樣的聲明。此次，以色列宣稱巴勒斯坦人燒死兒童，然而事後證實，這些圖片是由AI合成的。拜登總統曾表示，納坦雅胡（Benjamin Netanyahu）總理展示這些照片時，他感到十分震驚，但後來白宮方面卻解釋，拜登並沒有看到這些照片，他只是看到了以色列相關的報導。

加薩是什麼地方？

加薩究竟是什麼地方？

首先，住在加薩走廊的居民是一群怎樣的人？

加薩居民中有七成是 1948 年因以色列建國而被暴力驅逐出故鄉，成為難民的那些人及其後代。雖然在報導中也會提到加薩的許多居民是難民，但這些人為何、如何以及在何種暴力下成為難民的，卻完全隻字未提。

1986 年，我還是學生時，曾乘坐當時往返於埃及開羅和以色列台拉維夫（Tel Aviv District）之間的長途巴士，

加薩風景

封鎖前的加薩市（2007 年拍攝）攝影：OneArmedMan（公共版權）

經過埃及與加薩邊界的拉法關卡進入加薩。最先映入我眼簾的是那鮮豔、豐滿的柳橙。

有位名叫米歇爾‧克萊菲（Michel Khleifi）的電影導演，他來自巴勒斯坦的加利利（Galilee）地區，那裡在1948年遭到占領後成為以色列的領土。他的作品《三顆寶石的故事》（*Tale of the Three Jewels*）以第一次巴勒斯坦大起義為主題。片中的主人公是一名叫優素福的男孩，躲在裝滿從加薩運往歐洲的柳橙貨櫃裡，試圖逃離加薩。加薩屬於地中海氣候，因此盛行栽種柳橙和檸檬等柑橘類作物。

在加薩北部有個叫拜特拉希亞（Beit Lahia）的地方，靠近加薩和以色列的邊界，目前正遭受轟炸。拜特拉希亞以草莓的故鄉聞名，草莓種植非常興盛。2014年，也就是2014年加薩戰爭的幾個月前，我得以進入加薩。到達拜特拉希亞時，一名草莓農民招待我品嘗許多大顆的草莓，那是我在日本從未吃過的又大又甜的草莓。聽說這些草莓在歐盟市場上，都是一等一的高價水果。

然而，要向歐洲市場出口草莓，必須通過以色列的出口商做為仲介，否則以色列將不允許出貨。如此一來，會被收取仲介手續費，價格不得不提高，結果失去競爭力。反之，如果價格壓低，收益就與在加薩本地消費沒什麼區別。儘管他們精心種植了這麼優質的草莓，卻因為封鎖，

最終還是無法出口。2014年3月造訪加薩的我，哀傷地看到這些大顆草莓充斥在加薩市內。

最近各位應該在報導中多次看到加薩的地圖。加薩地區擁有40公里長的地中海海岸線，海邊多為淺灘。

在2005年以前，以色列在加薩沿海設立了大規模的定居點，導致住在加薩的巴勒斯坦人無法前往海邊。隨著2005年以色列從加薩撤出所有定居點，海灘再次回到了加薩巴勒斯坦人的手中。加薩距離歐洲也很近，若沒有遭致封鎖和占領，加薩從農業、漁業、工業、旅遊業各方面，經濟發展潛力可說十分巨大。

在封鎖和伴隨大規模破壞的攻擊發生之前的加薩市的照片中，各位可以看見，加薩曾是個非常美麗的地方。

農業和漁業曾經是加薩的重要基礎產業。很遺憾，我不得不用過去式來描述這些產業，原因是這些產業基礎已經因以色列的占領和封鎖而被徹底摧毀了。

在加薩地區，目前有230萬人在此生活。其中65%的人口在24歲以下，40%是14歲以下的兒童。如今在無差別轟炸下遭到殺害的加薩居民中，有四成是14歲以下的兒童。加薩的平均年齡是18歲，這表示年輕人口非常多（相較之下，日本的平均年齡為48歲）。

下頁圖是美國統計局發布的加薩人口金字塔。年齡愈

高的人口在圖的上部，年齡愈低的人口在圖的下部。由此可一目了然地看出年輕人口的比例非常高。

在這230萬加薩居民中，有七成是75年前，即1948年因建立「猶太國」而進行的民族清洗的結果——成為難民並來到加薩及其後代。

1967年，加薩和約旦河西岸遭到以色列占領，至今仍在占領之下；自2007年以後更是處於完全封鎖狀態。今年是完全封鎖的第17年。

加薩的人口金字塔（2021年）

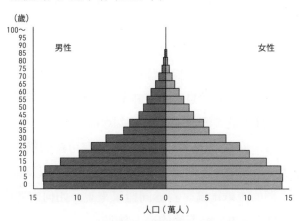

根據美國人口普查局國際人口資料庫製作而成
（U.S. Census Bureau, International Database）

以色列是如何建國的？

那麼，為什麼他們會成為難民呢？

媒體沒有報導——是因為無知，還是因為不願意揭露真相，我們不得而知——但圍繞巴勒斯坦和以色列的歷史脈絡以及問題的根源到底是什麼呢？

要理解這點，首先我們需要了解以色列這個國家，它是如何建國的？讓我們回顧一下歷史。

1945年，納粹德國戰敗，蘇聯軍隊解放了奧斯威辛集中營。據估計，有600萬名歐洲猶太人成為了大屠殺下的犧牲品，同時，也有些人倖存了下來。

這些倖存者後來經歷了什麼事呢？對此，建議可詳讀野村真理的《大屠殺浩劫後的猶太人》(ホロコースト後のユダヤ人)。例如，在波蘭，有些猶太人從納粹集中營中倖存下來，回到故鄉卻發現自己的房子已被波蘭的基督徒霸占了。甚至有些人從大屠殺中倖存下來，卻在回到故鄉後再次遭遇集體屠殺。於是當時有許多猶太人希望移民美國，只是這段時期的美國並不接受新移民。

最終，約有25萬名無處可去、無家可歸的猶太人成為難民，他們散布在同盟國軍隊占領的德國，以及曾經被德國占領的東歐地區。對於同盟軍來說，如何安置這25萬猶太難民成為當時面臨的一大難題。

1947年11月29日，聯合國大會通過了一項決議。所

謂聯合國，是由贏得第二次世界大戰的同盟國為了戰後新世界秩序而創立的組織。這次投票是為了解決歐洲猶太難民問題，該決議以多數贊成通過「分割巴勒斯坦，並在那裡建立歐洲猶太人的國家」。

那麼，為什麼這裡會突然出現巴勒斯坦呢？為了說明這一點，我們需要回溯一段歷史。

錫安主義的誕生

編注：「錫安主義」來自「錫
安」一詞，也就是位於耶路撒
冷附近的錫安山，有代指耶路
撒冷之意。

在19世紀末，歐洲猶太人中誕生了一個名為「**錫安主義**」*（又稱猶太復國主義）的政治運動，旨在巴勒斯坦建立「**猶太國**」。

這一運動的契機是1894年在法國發生的**德雷福斯事件**。猶太裔的法國軍官阿爾弗雷德‧德雷福斯（Alfred Dreyfus）被指控洩露國家機密，被判處終身監禁。這是一樁冤案，對當時的歐洲猶太知識分子造成了巨大衝擊。

在近代以前，神是絕對的存在，歐洲基督教社會中的猶太教徒因為堅決不承認耶穌是救世主這一基督徒的絕對真理而備受歧視。然而，隨著近代市民社會的出現，信仰成為個人內心的問題，不論信仰如何，每位市民都將被平等對待，如此一來，對猶太人的歧視似乎也得以消解。在西歐社會，有人認為，只要在各自的國家中「同化」成為法國人或德國人，猶太人就不會再受到歧視。

不過，當同化的猶太知識分子如此認為時，卻發生了德雷福斯事件。德雷福斯是一名軍人，軍人為祖國而戰，不惜付出生命的人。即便是猶太人，他們立誓將法國視為祖國，並與普魯士的猶太人戰鬥。

然而，即使同化，甚至成為軍人，仍因自身是猶太人而蒙受冤屈被判終身監禁。就算進入了近代市民社會，歐

洲的猶太人歧視依然存在。同化並無法解決問題，德雷福斯事件帶給那些同化的猶太人巨大的衝擊。

在近代以前，「猶太人」本身是一個信仰問題，例如，如果改信基督教，無論其好壞，至少可以成為基督徒。然而，近代以後，猶太人不再是信仰問題，而是血統問題。

也就是說，猶太人不再是信仰猶太教的人，而是被認為具有猶太血統的人。信仰被種族化了。縱使有人認為自己是天主教徒，或者是無神論者，只要被認為擁有「猶太血統」，依舊被視為猶太人。正是基於這一點，納粹德國殺害了據說將近 600 萬猶太血統的人。即使進入了近代市民社會，歐洲社會中的猶太人歧視仍然沒有消失。＊

＊
編注：近代錫安主義思想之父西奧多‧赫茨爾認為，反猶主義是所有社會的永恆特徵，猶太人做為少數民族而存在，只有離開這樣的社會，才能使猶太人擺脫永遠的迫害。

錫安主義不受歡迎

德雷福斯事件震驚了許多人，其中之一就是奧匈帝國出身的記者西奧多·赫茨爾（Theodor Herzl）。1896年，他寫了一本名為《猶太國》（*Der Judenstaat*）的書，認為要真正解放猶太人，就必須由猶太人為猶太人建立一個猶太人的國家。這本書的出版意謂著現代政治上錫安主義運動的誕生。

隔年，第一次錫安主義代表大會在瑞士巴塞爾（Basel）舉行，會議決議在巴勒斯坦建立猶太國家。此後，基於錫安主義的歐洲猶太人開始向巴勒斯坦展開移民活動。

然而，需要強調的是，最初錫安主義在猶太人中並不受到歡迎。

每當猶太教三大節期*之一的逾越節結束時，猶太人會祝念「明年耶路撒冷見」。因此，許多人可能認為，錫安運動一旦興起，猶太人會爭相前往聖地耶路撒冷所在的巴勒斯坦，但事實並非如此。

*
編注：猶太教三大節期，又稱為「三大朝聖日」，源自古時猶太人在慶祝這三個節期（逾越節、住棚節、五旬節）時，都需要從以色列地境內各地步行至耶路撒冷朝聖。

對虔誠的猶太教徒而言，猶太人離散世界各地，在每個國家都是少數群體，遭受各種歧視，是神對猶太人的試煉。如果猶太教徒能夠甘受這些試煉，並按照神的教誨正確生活，終有一天，神會派遣救世主（彌賽亞）將他們帶回巴勒斯坦——至少這是紀元以來猶太教的教義。

因此，對於虔誠的猶太教徒來說，神尚未派遣彌賽亞，人類卻試圖用自己的力量，甚至利用帝國的軍事力量來建立國家，並人為地結束神所賜予的試煉，亦即離散狀態（diaspora），這是對猶太教本身的否定。猶太人是指信仰並遵守猶太教教義的人，因此正統猶太教徒甚至認為，錫安主義者不再是真正的猶太人。

錫安主義另一個不受歡迎的原因是，當時的社會主義者和共產主義者中的猶太人認為，他們及其祖先所生長的國家才是祖國，並且透過革命實現一個沒有歧視的平等社會，猶太人的歧視問題自然也能得到解決。

此外，儘管和今日的美國情況相比，各位可能很難想像，最初美國的猶太人也與錫安主義保持了距離。這是因為美國的猶太人雖然不是新教徒，但做為「來自歐洲的白人」，在美國社會中能成為社會菁英，晉升上流階級。他們擔心擁有美國以外的「祖國」會引起對其忠誠度的懷疑。對於在美國享有特權或有可能獲得特權地位的猶太人來說，支持錫安主義是不利的。

正如虔誠的猶太教徒所認為的：「錫安主義者不是猶太人。」推動錫安主義運動的人主要是「同化」的猶太人，且大多是非宗教人士。因此，當他們考慮建立猶太國家時，赫茨爾向帝國尋求援助。義大利建議利比亞一帶，英

國則提議當時的英屬烏干達。為什麼義大利和英國可以任意將利比亞或烏干達提供給歐洲的猶太人？這正是殖民主義的體現，而錫安主義者也認為這是理所當然的。

殖民主義背景下的錫安主義

正如正統派猶太教徒認為，錫安主義者「已不再是猶太人」，錫安主義者並不是出於「神賜予猶太人的應許之地」這樣的宗教熱情而計畫在巴勒斯坦建立國家。然而，為了爭取猶太人的支持，他們在政治上利用了《聖經》中的神話故事。

加拿大的正統派猶太教歷史學家雅科夫・拉布金（Yakov M. Rabkin）曾在京都大學講課時分享了一個以色列的笑話：「錫安主義者不相信神的存在，但他們相信『巴勒斯坦是神賜予猶太人的應許之地』。」

關於以色列是怎樣的國家，東京大學的鶴見太郎在《俄羅斯錫安主義的想像力》（ロシア・シオニズムの想像力）和《以色列的起源》（イスラエルの起源）這兩本書中有詳細探討。雅科夫・拉布金（Yakov M. Rabkin）也在《以《妥拉》之名》（*Au nom de la Torah : Une histoire de l'opposition juive au sionisme*）和《以色列是什麼》（*Comprendre l'état d'Israël : Idéologie, religion et société*）這兩本書中討論了自錫安主義興起以來，正統派猶太教徒為何反對的理由。詳細內容可以參考這些書籍。

歐洲猶太人決定在巴勒斯坦這片原本居住著阿拉伯人的亞洲土地上建立一個屬於他們自己的國家，這意謂

著什麼呢？

　　首先需要強調的是，為什麼他們會有這樣的想法？原因之一是，即使西歐社會進入了近代市民社會，歧視猶太人和反猶太主義這類歐洲基督教社會的歷史痼疾仍無法解決。歐洲猶太人是歐洲反猶太主義這類種族主義的受害者，這是不容抹滅的事實。

　　然而，當這些錫安主義者尋求自身的解放時，他們並不質疑在帝國武力的支持下，在巴勒斯坦這片阿拉伯人居住的亞洲土地上，通過武力建立屬於他們自己的國家的合理性。也就是說，當時的錫安主義者也同樣認同：當時歐洲人對阿拉伯、穆斯林、亞洲人等所實施的種族主義，以及歐洲人、西方白人透過軍事力量在他人的土地上建立自己國家的殖民主義精神。錫安主義者將這些觀念視為理所當然。

巴勒斯坦的分割計畫

　　前面提到，在20世紀前半葉，歐洲基督教社會中持續存在著對猶太人的歷史性歧視，並且在現代，反猶太主義達到頂點，導致納粹德國對猶太人的種族滅絕，即所謂的「猶太人大屠殺」。結果，第二次世界大戰後，歐洲有25萬名猶太人淪為難民。

　　而為了解決猶太難民問題，聯合國採取的解決方案是：「對！還有錫安主義。我們可以利用這個想在巴勒斯坦建立猶太國的運動。」

　　正如前述，雖然錫安主義誕生之初有一些狂熱的支持者，但在猶太人中並不受歡迎。錫安主義在19世紀末誕生，經過50年，來到巴勒斯坦的歐洲猶太人只有約60萬人。其中大多數人不是因為信奉錫安主義而來到巴勒斯坦，而是由於1930年代以來，納粹勢力的崛起使得他們在歐洲的生活變得危險，不得已逃到巴勒斯坦。

　　當時，巴勒斯坦的阿拉伯人約有120萬人。猶太人有60萬人，約占總人口的三分之一。此外，猶太人所購買和擁有的土地僅占總土地的約6%。

　　在歷史上，巴勒斯坦人的領土隨著時間的推移不斷縮減。P58的地圖顯示了歷史上巴勒斯坦領土的變遷，其中左起第二張地圖標明了1947年聯合國大會通過的分割方案。分割方案並不是簡單地將巴勒斯坦分成南北兩

塊。地圖上，白色部分為猶太國家，陰影部分為阿拉伯國家。

方案試圖將猶太人較多的地區劃入猶太國家，阿拉伯人較多的地區劃入阿拉伯國家。儘管猶太人僅占人口的三分之一，土地擁有率不足6%，分割方案卻將歷史上所謂的巴勒斯坦地區超過一半的土地劃給了猶太人。

在1947年11月29日將分割方案提交聯合國大會之前，聯合國成立了特別委員會，由特設委員會審議該方案，詳細研究了分割方案並得出結論。

第一次世界大戰後，鄂圖曼帝國戰敗，其在東地中海的阿拉伯地區被法國和英國瓜分，巴勒斯坦成為國際聯盟委任統治下的英國殖民地。

然而，委任統治是指當時國聯將統治權委託給另一個國家（在這種情況下是英國），直到該土地上的居民能夠獨立自治為止。委任統治制度的目的並非是為了在完全不同的地區建立他人的國家。特設委員會認為，分割方案違反了《聯合國憲章》，並可能違反國際法，因此應提交國際法院審議，也就是說，他們得出的結論是，這一方案在法律上是不合法的。此外，委員會指出，若這麼分割，在經濟上，猶太國家還好，但阿拉伯國家將無法持續運作。

委員會還強調，歐洲的猶太難民問題應由相關國家盡

快解決，但透過在與大屠殺無關的巴勒斯坦土地上建立猶太國家來彌補這一問題，在政治上是不公義的（unjust）。委員會斷言，這種分割方案即使通過也難以施行、不切實際的（unpractical）。

巴勒斯坦分割方案違反《聯合國憲章》，在法律上也不合法，阿拉伯國家在經濟上難以為繼，政治上是不公義的──這是特設委員會的結論。然而，特設委員會都如此結論了，分割方案卻在特設委員會中通過，並提交給大會，在蘇聯和美國等大多數國家運作下，以多數贊成通過。

76年後的今天，我們回顧當時特設委員會提出的結論，確實是正確的。如委員會所斷言，這樣的分割方案無法運行。如今，又發生了第二次種族滅絕。二戰後成立的聯合國，在成立僅僅數年後，就通過了這樣背叛其憲章精神的決議。

有人說：「是阿拉伯人不接受分割方案。」但看到特設委員會的這個結論，就不難理解為什麼阿拉伯人不應接受這樣一個不公義的分割方案，並同意在他們的土地上建立一個歐洲猶太人的國家。

對於這個分割方案的通過，後來成為以色列首任總理的錫安主義領袖班古里昂（David Ben-Gurion）是怎麼說的呢？

在地圖上劃分給阿拉伯國家的地區幾乎百分之百居住
的是阿拉伯人，而劃分給猶太國家的地區中，猶太人只占
約60%，其餘40%是阿拉伯人。班古里昂說：「即使建立
了猶太國家，但猶太人只占60%的人口，這樣的猶太國
家既不穩定也不強大。」換句話說，為了建立一個穩定而
強大的猶太國家，必須盡可能地排除猶太國家領土內的阿
拉伯人。實際上他正是在教唆要進行種族清洗。

巴勒斯坦人的領土變遷

深色部分是阿拉伯國家，
白色部分是猶太國家

襲擊巴勒斯坦的種族清洗──
「納克巴」（大災難）

從1947年11月底聯合國大會決議分割巴勒斯坦，到1948年5月以色列建國，再到1949年年初，超過一年以上的時間，巴勒斯坦各地經歷了一場針對巴勒斯坦人的種族清洗風暴。

1948年4月9日，在耶路撒冷郊外的巴勒斯坦村莊代爾亞辛（Deir Yassin），發生了一起村民的集體屠殺事件，不分男女老少，有超過一百人慘遭屠殺（其中一些女學生在被殺害之前遭到強姦）。這起屠殺是由猶太民兵組織伊爾貢（Irgun）和萊希（Lehi）所為。伊爾貢的領導人梅納罕・比金（Menachem Begin）後來成為以色列的總理，並因與埃及總統沙達特（Anwar Sadat）簽署和平條約因而獲得諾貝爾和平獎。

事件發生後，屠殺的主謀不僅沒有隱瞞事件，反而召開記者會，向國內外記者宣稱他們殺死了兩百多名阿拉伯人，刻意將犧牲人數翻倍。這是一種政治宣傳，意在告訴巴勒斯坦人，這將是他們的命運。屠殺事件在巴勒斯坦境內外廣泛流傳。此後，每當猶太軍隊（以色列建國後是以色列軍隊）逼近巴勒斯坦村莊和城鎮時，巴勒斯坦人不得不拋下一切，匆忙逃亡。

由於屠殺主謀的政治宣傳，代爾亞辛事件長期以來被認為是當時種族清洗的代表性集體屠殺事件，但現在我們

知道，在巴勒斯坦各地發生了更多甚至超過代爾亞辛規模的集體屠殺。

1948年，以色列對巴勒斯坦人進行了有意圖的、組織性的、計畫性的種族清洗（代號：達萊特計畫〔Plan Dalet〕）。75年前襲擊巴勒斯坦人的這場種族清洗、失去祖國的悲劇，在阿拉伯語中被稱為「納克巴」，意為「大災難」。

因為擔心被殺害、妻女被強姦，眾人在迫切的恐懼驅使下紛紛逃離家園，然而一旦逃離並越過國境，即使75年過去了，那些人，甚至是他們的孫輩、曾孫輩等後世子孫依然無法返回故鄉。

他們當初認為一旦局勢安全，就能返回家園。因此，他們逃跑時帶著家門的鑰匙。許多人說，如果當時知道即便到了孫輩仍無法返回村莊，他們冒著被殺害的危險，也會選擇留下來戰鬥。以色列猶太歷史學家伊蘭・帕佩（Ilan Pappé）寫了一本名為《巴勒斯坦的種族清洗》（*The Ethnic Cleansing of Palestine*）的著作，他是反錫安主義的猶太人。

帕佩斷言，巴勒斯坦人並非戰爭的因素才成為難民。事實是，如果要在多數為阿拉伯人的巴勒斯坦建立一個猶太人占壓倒性多數的猶太國家，巴勒斯坦的種族清洗是不可避免的。他在書中論證，錫安主義這一計畫本質上避無

可避地包含了對巴勒斯坦的種族清洗。

帕佩曾在以色列海法大學（University of Haifa）任教，因批判錫安主義的立場引發了問題，教授會曾決議將他驅逐出校園。當時，全球性的反對簽名活動使他免於被驅逐，但隨後他與家人受到了人身安全威脅，最終他移居英國，在英國的大學任教。他試圖以以色列猶太人的身分，想從內部改變這個因殖民主義侵略而建立的種族隔離國家，但未能如願。

與以色列建國同一年，1948年12月10日，聯合國大會通過了《世界人權宣言》。該宣言第13條第2項寫著：「人人有權離開任何國家，包括其本國在內，並有權返回他的國家。」意即，返回自己的國家是基本人權。

《世界人權宣言》通過的隔日，聯合國大會通過了第194號決議。該決議指出，因以色列建國而成為難民的巴勒斯坦人，有權立即返回他們的故鄉；對於不想回鄉的難民，以色列應補償他們在故鄉留下的財產。這意謂著，巴勒斯坦難民返回（如今變成色列的）村莊和城鎮是他們的基本人權，這一點也得到了國際社會的認可。

然而，75年過去了，即使到了他們的孫輩、曾孫輩，巴勒斯坦難民仍無法返回故鄉。因為，以色列至今仍不承

認他們的回歸權。不僅如此，以色列對巴勒斯坦人的種族
清洗不斷以不同形式持續至今。「納克巴」不是75年前發
生並已結束的過去式，而是持續至今的現在進行式。

以色列國內的動向

　　總結前面談到的，猶太國家以色列的建國是基於種族主義的殖民主義侵略。透過對巴勒斯坦人的民族清洗，在巴勒斯坦建立了由猶太人主導、為猶太人服務的猶太人至上主義國家。這種暴力自建國以來一直持續至今。這是好萊塢製作的以大屠殺為主題的電影中未曾提及的關於以色列的歷史事實。猶太人擁有了自己的祖國，結果卻使巴勒斯坦人成為了第二個猶太民族，現代的猶太人。

　　歐洲基督教社會中的歷史性猶太人歧視和現代反猶太主義的極致──大屠殺，其責任本應由西方國家承擔，但這些國家卻通過犧牲巴勒斯坦人來贖罪。西方國家讓巴勒斯坦人為他們的歷史性罪責付出代價，並認可以色列對巴勒斯坦人至今的犯罪行為，進一步加深了他們歷史上的不公義。

　　75年前的1948年，巴勒斯坦遭遇了種族清洗的暴力事件，即「納克巴」。如今，以色列的官員和國會議員公開宣稱，要讓加薩的巴勒斯坦人再度經歷一次納克巴（如農業部長艾維・狄希特〔Avi Dichter〕和國會議員阿里爾・凱雷爾〔Ariel Kallner〕等），意謂著要徹底將巴勒斯坦人從加薩清除。

　　在以色列有一個名為Zochrot的組織，這個名字在希伯來語中意為「她們記得」，是一個反錫安主義的團體。

在基於錫安主義國家意識形態的歷史觀中，以色列建國被視為猶太民族的光輝時刻。因此，在以色列，對巴勒斯坦人施加暴力、通過種族清洗建立自己的國家這樣的記憶被徹底壓抑。然而，Zochrot致力於將自己國家是透過對巴勒斯坦人的暴力建立起來的這一「納克巴」的記憶，用以色列的國語希伯來語記錄在以色列的歷史中，並銘刻在以色列猶太人的記憶裡。

在以色列的學校歷史教育中，當然不會出現「納克巴」這樣的內容。但有心的老師會主動地教導孩子們關於納克巴的歷史，Zochrot製作了用於教學的輔助教材，並舉辦如何授課的工作坊。然而，教育部長下了一紙通告：禁止使用Zochrot製作的教材。

此外，2011年，以色列國會通過了一項被稱為「納克巴法」的法律。以色列人口有兩成是巴勒斯坦人，但根據這項法律，在以色列公開悼念納克巴是違法行為。

加薩人口有多擁擠？

1948年，巴勒斯坦遭到種族清洗，超過75萬名巴勒斯坦人被迫離開家園，做為難民流散到約旦河西岸和加薩等未被占領的巴勒斯坦地區，還有黎巴嫩、敘利亞、約旦和埃及等周邊阿拉伯國家。當時，加薩有8萬名居民，而周邊原地區被迫流離失所的難民更多達19萬，人口倍增，湧入加薩。

在本書開頭前幾頁附的加薩走廊地圖上，標註了當時聯合國為這些難民設立的難民營，但實際上，加薩本身就是一個巨大的難民營。

加薩的面積約為360平方公里，相當於東京都23區的六成。目前人口為230萬。加薩經常被稱為「世界上人口密度最高的地區」，但將230萬人口除以360平方公里，每平方公里約有6,300人。如果對比日本城市的人口密度，則相當於關西的八尾市或關東的藤澤市。

目前，世界上人口密度最高的城市是菲律賓的馬尼拉，每平方公里約46,000人。在日本，人口密度最高的地區是豐島區，每平方公里約有23,000人。如此看來，加薩每平方公里6,300人的人口密度，完全稱不上「世界上人口最密集的地方」。因此，不要相信報導中說「加薩是世界上人口最密集」的節目。這些節目在製作時連基本的計算都沒做到。

因納克巴（1948年）成為難民的巴勒斯坦人

截至1949年9月為止的
難民人數
單位（萬人）

合計726,000人

（不包括留在以色列境內的難民）

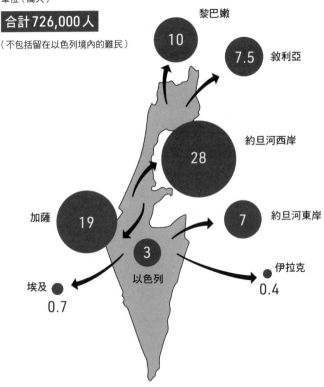

黎巴嫩
10

7.5　敘利亞

約旦河西岸
28

加薩
19

約旦河東岸
7

以色列
3

埃及
0.7

伊拉克
0.4

根據〈UN Economic Survey Mission for the Middle East〉（1950）製作而成

**加薩難民營的
人口變遷**

難民營	2023 年 7 月	1949 年
海灘	90,713/0.52km^2	23,000
賈巴利亞	116,011/1.40 km^2	35,000
拉法	133,326/1.23 km^2	41,000

出處：2023 年的難民數據來自聯合國近東巴勒斯坦難民救濟和工程處（UNRWA）網站。
1949 年的難民數據來自以下網站：
https://www.jewishvirtuallibrary.org/gaza-strip-refugee-camp-profiles#a

加薩的人口密度

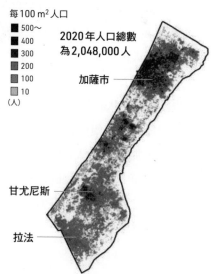

每 100 m^2 人口
■ 500～
■ 400
■ 300
■ 200
■ 100
□ 10
（人）

2020 年人口總數
為 2,048,000 人

加薩市

甘尤尼斯

拉法

根據©Leo Delauncey/
MailOnline 中的插圖製作而成

那麼，「人口密度高」是不是錯誤的說法呢？其實也不算是。

1948 年，位於海邊的海灘難民營（Shati refugee camp，或譯沙提難民營）湧入了 23,000 人。這個地方的面積約為 0.5 平方公里，換算後，每平方公里超過 5 萬人。當時的這個數字，已遠遠超過了現今馬尼拉的 46,000 人。賈巴利亞難民營（Jabalia refugee camp，面積為 1.4 平方公里）則擠進了 35,000 人。

75 年過去了，現在人口情況如何呢？海灘難民營現有人口 97,000 人，面積仍為 0.5 平方公里，每平方公里的密度為 18 萬人，這已是難以想像的密集狀態了。賈巴利亞難民營的人口則從 35,000 增加至 116,000 人，每平方公里達到 82,000 人。

也就是說，人口過度密集的問題並不是整個加薩地區的普遍現象，而是集中在難民營及其周邊地區。正如 P67 下圖所示，加薩市的人口為 59 萬，加薩地區北部的整體人口超過百萬人（未居住的地方主要是農地等）。如今，在難民營這樣每平方公里居住近 20 萬人的地方，正遭受無差別的攻擊。

哈瑪斯的誕生

那麼這次主導攻擊的哈瑪斯是個什麼樣的組織呢？

正如前面所提到的，1948年的種族清洗導致超過75萬巴勒斯坦人變成難民。9年後的1957年，由阿拉法特（Yasser Arafat）主席領導的巴勒斯坦民族解放運動組織「法塔赫」（Fatah）誕生。

1967年，在第三次中東戰爭中，以色列占領了1948年戰爭中未能占領的東耶路撒冷、約旦河西岸地區、加薩走廊、埃及的西奈半島及敘利亞的戈蘭高地。

自納克巴發生後，20年來，巴勒斯坦人一直相信國際社會會讓他們返回故鄉，因此在難民營的帳篷中克難生活著。然而現實是，隨著以色列的占領進一步擴大，在歷史意義上的整個巴勒斯坦地區全遭到以色列占領了。這也使得巴勒斯坦人民深刻體悟到，聯合國和國際社會雖然對巴勒斯坦難民提供帳篷和食物，但並無意在政治上解決這一歷史不公之事，設法讓他們返回故鄉。

在1967年的以色列的占領事件之後，愈來愈多人認為，既然國際社會無所作為，他們只能依靠自己的力量解放祖國。於是，在難民營中成長的第二代巴勒斯坦人開始組建武裝解放組織，如奉行馬列主義的「解放巴勒斯坦人民陣線」（PFLP）和「解放巴勒斯坦民主陣線」（DFLP）。

20年後，就在1987年，巴勒斯坦爆發了第一次巴勒

斯坦大起義。國際社會雖聲稱「以色列的占領是非法的」，但面對以色列持續的占領並未採取任何有效的措施。民眾在這長達20年占領下的積怨爆發，成為這場起義的開始。眾人決心用自己的力量對抗以色列，甚至小孩也向全副武裝的以色列士兵投擲石塊，又被稱為「擲石革命」。婦女們也幫忙砸碎石塊和掩護抗議的年輕人來參與起義。

此時，在加薩，宣揚伊斯蘭主義的民族解放組織「伊斯蘭抵抗運動」（簡稱哈瑪斯）誕生了。

也就是說，哈瑪斯和法塔赫、PFLP、DFLP一樣，都是為了解放遭到占領的祖國而進行的民族解放運動組織。不同的是，PFLP尊崇馬列主義，而哈瑪斯則奉行伊斯蘭主義。

奧斯陸協議後的七年

1993年，以色雙方簽署了《奧斯陸協議》。《奧斯陸協議》是指以色列和巴勒斯坦解放組織（簡稱PLO）相互承認，並同意以色列軍隊逐步撤出占領的約旦河西岸和加薩走廊，巴勒斯坦開始臨時自治，並在5年內就「最終地位」達成協議，以實現公正、永久和全面的和平。1994年，巴勒斯坦自治政府成立，臨時自治開始。然而，協議簽署7年後的2000年，爆發了第二次巴勒斯坦大起義。

在第二次巴勒斯坦大起義爆發前三個月，我造訪了巴勒斯坦。自《奧斯陸協議》簽署後已過7年，世界上普遍認為這一地區最終將在兩國解決框架內實現和平。然而，當我親自前往當地時，看到的情況卻完全不同。即使在巴勒斯坦自治政府所在地約旦河西岸的拉馬拉（Ramallah），我仍親眼目睹巴勒斯坦人的土地每天都遭到搶奪，並且不斷建造成新的以色列定居點。

從1967年第三次中東戰爭中的占領到1993年的《奧斯陸協議》，經歷了26年。而從1993年的《奧斯陸協議》到2000年的第二次巴勒斯坦大起義，只有7年。在這短短的7年內，以色列的定居者人數增加了1.5倍，定居點以驚人的速度擴大建造中。

依照《奧斯陸協議》，加薩走廊和約旦河西岸應該建立巴勒斯坦人的獨立國家，以色列則應該撤出已經建立的

定居點。但是，以色列卻完全反其道而行。

報導中說，以色列和巴勒斯坦自治政府（由法塔赫領導）希望在兩國方案中和平共存，但哈瑪斯因為對以色列的仇恨而反對。雖然主張解放整個巴勒斯坦的哈瑪斯確實反對倡導兩國方案的《奧斯陸協議》，但正如定居點建設的擴大所表明的事實是，以色列也根本無意讓他們建立主權獨立的巴勒斯坦國家，即使只是在約旦河西岸和加薩走廊的迷你國家也不例外。

目前，約旦河西岸看似由法塔赫領導的自治政府管理，但實際上是以色列讓自治政府扮演占領的代理角色。雖然哈瑪斯被批評壓迫加薩的居民，但法塔赫的自治政府也同樣壓迫居民。

西岸的居民不能批評自治政府，也不能抗議以色列的占領，因為自治政府會加以鎮壓取締。現在，西岸很多人認為，自治政府的存在對實現獨立有害無益。

從世界所稱的「和平進程」——《奧斯陸協議》之後的7年來看，對於土地被占領的巴勒斯坦人而言，這是個絕望的過程，他們解放和獨立建國的夢想日漸遠去。

在這樣的絕望之下，2000年爆發了第二次起巴勒斯坦大起義。當時，不僅是哈瑪斯，解放巴勒斯坦人民陣線（PFLP）和由阿拉法特領導的法塔赫戰鬥人員也進入以色

列境內，進行自殺式攻擊等行動。

　　2005年，以色列從加薩走廊撤出所有定居點，以色列軍隊也隨之撤出。當時的以色列總理夏隆（Ariel Sharon）表示，這是為了和平。然而，從加薩撤出的定居者轉而定居於約旦河西岸。此外，因定居者和以色列軍隊已全撤出加薩，境內僅剩巴勒斯坦人，以色列得以封鎖加薩，並進行全土無差別轟炸。

民主選舉中獲勝的哈瑪斯

2006年，巴勒斯坦舉行了立法委員會選舉，相當於日本的總選舉。這次的選舉歐盟也派監察團前來，被認為是近年來難得一見的民主選舉，而最終，哈瑪斯在這次選舉中獲勝。

投票給哈瑪斯的不僅僅是伊斯蘭主義者和哈瑪斯的支持者，還有很多人對法塔赫在過去13年來的腐敗和無所作為感到失望，認為哈瑪斯或許能帶來改變，因此投票給了他們。

哈瑪斯最初單獨組建了內閣，但由於以色列和美國將哈瑪斯視為恐怖組織，不承認其政府。於是，哈瑪斯與法塔赫成員組建了統一政府。儘管哈瑪斯的憲章中包含了解放整個巴勒斯坦的目標，但當時他們向美國布希政府提出，如果承認這個統一政府，他們願意根據《奧斯陸協議》，在加薩和西岸建立一個擁有主權的巴勒斯坦獨立國家，並與以色列簽訂長期停戰協議。

對此，美國的回應是什麼呢？

美國和歐盟國家對法塔赫成員進行了軍事訓練；美國還向當時加薩地區法塔赫安全部門負責人穆罕默德・達赫蘭（Mohammed Dahlan）提供了後勤補給（武器和糧食），策畫對哈瑪斯進行政變。這類似於1973年，在美國的後院智利，社會主義的阿葉德（Salvador Allende）政府上台時，

美國支持皮諾契特（Augusto Pinochet）將軍發動政變。同樣的事情也在加薩發生，最終導致加薩陷入內戰狀態。

然而，與美國和以色列的意圖事與願違，這場內戰的勝利者是哈瑪斯。需要重申的是，哈瑪斯本來是通過民主選舉成為執政黨的。只是當美國試圖策畫政變推翻哈瑪斯政權時，哈瑪斯先發制人，取得了勝利。

當提到「實際控制加薩的伊斯蘭基本教義派組織哈瑪斯」，可能會令人聯想到像ISIS（伊斯蘭國）那樣的暴力集團武力控制和統治加薩。但事實上，情況完全不同。

美國在加薩策動的內戰導致了巴勒斯坦的分裂。此後，加薩由哈瑪斯政權管理，而約旦河西岸則由法塔赫政權統治，形成了雙重政權的局面。做為對選擇哈瑪斯為政黨的巴勒斯坦人的集體懲罰，2007年，以色列對加薩實行了全面封鎖。

其實早先為了打擊哈瑪斯，以色列便封鎖了加薩，但此時的封鎖變得更加全面、徹底。人員、物資的進出全由以色列控制。南部邊界由與以色列結盟的埃及控管，埃及也受到以色列的示意。集體懲罰，是違反國際法的。

2014年，雙方有一度曾努力想組建統一政府，但隨後爆發了2014年加薩戰爭，協商功虧一簣。

2014年加薩戰爭的直接導火線是三名以色列青年在

約旦河西岸遭巴勒斯坦人殺害。以色列聲稱這是哈瑪斯所為（哈瑪斯否認），並對加薩發動攻擊。但政治上，這是為了阻止統一政府的成立。這正是帝國主義的「分而治之」策略。

做為行使抵抗權的攻擊

　　如前所述，與報導內容相反，哈瑪斯是一個致力於解放「遭占領祖國」的民族解放運動組織。2023年10月7日，由哈瑪斯主導，加薩巴勒斯坦武裝分子發動的奇襲攻擊，是對以色列占領軍展現的抵抗，這是國際法上承認的「抵抗權的行使」。

　　在占領下或殖民統治下的居民，包括使用武力戰鬥和抵抗在內，擁有國際法所認可的抵抗權。但在這種情況下，有些規定必須遵守，如穿著能識別為士兵的服裝，以及攻擊的對象必須是占領軍或其士兵等。

　　根據巴勒斯坦資訊網站的報導，首先，他們並未稱此次為「哈瑪斯的攻擊」，而是「由哈瑪斯主導的武裝分子」發起的。PFLP（解放巴勒斯坦人民陣線）也發表聲明支持這次奇襲攻擊。此次是由哈瑪斯主導，包含伊斯蘭聖戰組織和PFLP等多個巴勒斯坦解放組織參與的解放作戰行動。

　　在日本的報導中，哈瑪斯被描述為從加薩入侵以色列，殘忍地殺害音樂節和吉布茲（集體農場）的平民。事實上，加薩的武裝分子確實襲擊了吉布茲，但他們的首要目標是加薩周邊的12座以色列軍事基地。他們襲擊吉布茲的行為違反國際法，屬於戰爭罪行。原計畫可能包括劫持吉布茲的平民並帶回加薩，這也是戰爭罪行。哈瑪斯將此做為戰術的一部分，這本身就是戰爭罪，不過他們首先

瞄準的目標是加薩周邊的12座以色列軍事基地，並在占領這些基地後與趕來的安全部隊交戰，最終全員被殺。這一點，並未有人報導，媒體僅報導了他們襲擊吉布茲和音樂節，並殺害平民的消息。

儘管死去的人無法為自己辯護，但活著的人可以發聲。

一名叫亞斯敏・波拉特（Yasmin Porat）的女士住在以色列北部的吉布茲，她親眼目睹了當時的情況。當天，她參加了吉布茲郊外舉行的野外音樂節，遭到襲擊後逃回吉布茲。她被武裝分子發現，並被帶到一所房子，裡面有約8名吉布茲居民遭扣留為人質。波拉特女士表示，武裝分子人道地對待了他們。

波拉特女士的訪問在以色列國營廣播節目中播出。很可能，廣播電台原本期望從這名倖存者口中聽到完全相反的故事，但她的證詞卻出乎意料地表明，巴勒斯坦武裝分子表現得非常人道。她提到，一名會說希伯來語的戰士告訴他們，打算帶他們去加薩，但保證不會殺害他們，還不時給他們水喝。由於屋內停電且天氣炎熱，還帶他們到外面透氣。

波拉特女士進一步證實，當以色列安全部隊抵達後，立即展開了一輪密集的射擊。正在外面透氣的人質與武裝分子們一同被以色列的安全部隊射殺。其中一名巴勒斯坦

戰士決定投降，並以她做為人肉盾牌，讓她用希伯來語告訴外面的以色列軍隊不要開火。結果，她和那名戰士都倖免於難。然而，安全部隊隨後向還有其他人質的房子發射炮彈，將整個房子炸成碎片，裡面的所有人質都被炸死。

波拉特女士的證詞對以色列非常不利。據說這段訪談被國營廣播的網站刪除，但有錄到音的網友已經將音檔轉發到社交媒體上。

波拉特女士證實，那些認為被哈瑪斯殘忍殺害的吉布茲居民的照片實際上是被以色列安全部隊殺害的，而且其中還有一些報導介紹成犧牲者的照片其實是巴勒斯坦士兵。

以色列媒體報導10月7日的攻擊時，稱之為殘忍而嗜血的恐怖分子的所為。然而，事實並非如此。

請想一想，他們是明知這次行動是有去無回，還去做的。祖父母，或者說父母輩在種族清洗的暴力下成為難民來到加薩，自己的故鄉就在不遠處，近在咫尺，卻無法去到那裡。為了代替無法回到故鄉就這樣去世的祖父母，踩在自己故鄉的土地上，他們做好了幾個小時後將被殺害的覺悟，為了解放祖國，越過加薩的圍牆。前面介紹過的以色列猶太歷史學家伊蘭・帕佩說：他們的「這種勇氣值得敬贊」。

以色列總統將巴勒斯坦戰士們一概認定是「哈瑪斯」，並稱他們為「人形怪物」（human monster）。以色列國防部長則稱他們為「人形野獸」（human animal）。

　　當然，襲擊平民並將他們做為人質的行為是無法接受的。即便這些人是預備役士兵，即便這些吉布茲是用來做為以色列軍隊攻擊加薩的前哨基地，這些行為仍然是不可取的。

　　然而，若我們考慮到歷史的脈絡，就會明白，將這些戰士描述為因憎恨猶太人而瘋狂殺害平民的恐怖分子，完全不符合事實。對於無端波及平民的行動，應該嚴格審視其正當性，但這次的軍事行動本身，是為了解放被占領的祖國而進行的。

　　以色列最不願承認的就是這一點。在加薩的巴勒斯坦年輕人為了解放祖國，冒著生命危險戰鬥，順著歷史脈絡思考，這是一場有正當理由的戰鬥。這對以色列而言是最不利的，因為這揭示了以色列是如何建立國家的，那是一段充滿血腥暴力的歷史。因此，以色列極力抹去此一歷史脈絡，首先一味散播「嗜血的恐怖分子哈瑪斯」比ISIS更加暴力的訊息。

＊ https://electronicintifada.net/content/israeli-forces-shot-their-own-civilians-kibbutz-survivor-says/38861

「封鎖」究竟意謂著什麼？

雖然媒體經常提到加薩遭到封鎖，但對於16年以上的完全封鎖究竟是怎樣的概念，以及對生活在其中的人而言這種封鎖造成的暴力又是如何，這些幾乎沒有人報導。那麼，封鎖到底是怎麼一回事？各位知道嗎？

如果是戰爭這種直接暴力，其物理破壞非常明顯，暴力性很容易理解。建築物被轟炸破壞，人民遭到殘酷地殺害，這些都一目了然。

然而，封鎖是一種結構性暴力。它實際上和戰爭中的直接暴力一樣致命，但不同於轟炸等直接暴力，封鎖並不會直接導致人死亡。因此，其暴力性很難察覺。人員和物資的出入被嚴格限制，經濟基礎被摧毀，導致失業、貧困和營養不良等問題。這些雖然都令人痛苦，但一般人很難理解這樣的暴力是如何將居民推向發動越境攻擊的絕境。

雖然封鎖並不直接導致人死亡，但卻讓一些本可以前往西岸或埃及等地的醫院接受適當治療而延長生命的人，因為以色列不允許他們出境，只能留在加薩的醫院中苦苦等待出境許可，最終在加薩醫院中去世。這些人的死因可能是心臟病或癌症等疾病，但實際上，他們是被封鎖所殺。因此，封鎖並不是沒有導致人死亡。

加薩的主要產業是漁業。

加薩領海內的海域發現了天然氣田。根據《奧斯陸協

議》，加薩的領海範圍為20海里，但以色列為了將這些天然氣田據為己有，派遣巡邏艇駐守在約6海里的位置，對出海捕魚的漁民射擊，或將漁民脫光衣服扔進海中，甚至沒收漁船並將他們關進以色列的監獄裡。因此，漁民無法前往外海捕魚，只能在近海捕撈，結果連小魚也被捕盡，近海幾乎沒有魚類可捕了。這使得加薩的大多數漁民失業，儘管擁有海域卻無魚可捕，無魚可食。

加薩的農產品也是如此，無論多麼努力地耕種，也無法將農產品運出加薩。

完全封鎖的加薩被稱為「世界上最大的露天監獄」。完全封鎖不僅僅只是意謂著貨物進不來，物資短缺，而是指一切得視占領者的想法，按他們的意願決定。230萬人生活在必須服從占領者的環境中，這種情況從他們出生以來就一直存在。

在場有許多大學生，但在加薩和你們同樣年紀的人自懂事以來就一直被困在那裡。這世界16年來對此無動於衷。即使巴勒斯坦人在世界上最大的露天監獄中經歷著「活地獄」般的痛苦，世界也不痛不癢，視而不見。只有在發生驚人的攻擊時才稍加關注，停戰後立刻遺忘。如此循環往復，即使以色列在期間犯下戰爭罪行，也沒有人認真看待。

2008 至 2009 年發生第一次以色列對加薩的攻擊後，聯合國派遣了真相調查團，由南非的猶太裔律師理查·戈斯通（Richard Goldstone）率領，進行了一次非常公正的調查。當時的調查結果是：「雙方均犯有戰爭罪行，但以色列的罪行更為嚴重。」

　　那麼，所謂的戰爭罪遭到了何種審判呢？事實上，完全沒有受到審判。之後的攻擊甚至連調查都未進行。加薩的巴勒斯坦人一直處於這樣的狀況下。他們的生殺大權掌握在占領者手中，每隔幾年就會發生一次大規模攻擊，即使這次攻擊能倖存，也可能在下一次攻擊中被殺。這樣的生活，究竟有什麼意義呢？

加薩所發生的事

由於污水處理設施無法運作，230萬人的生活污水包括廁所的排水等，未經處理便大量排入了地中海，每天不斷排放，導致海水受到污染。山谷流域的地下水也受到污染。

結果，加薩的自來水有97%不適合飲用，只有極少數經濟條件較好的人能購買過濾用的濾水器或礦泉水，而絕大多數的人，雖然知道對身體有害，但若不喝水就會死，只能飲用污染的水。賴以生存的水正從內部侵蝕著加薩居民的生命。如今，甚至連這樣的水都無法取得的情況下，情況變得更加嚴峻。

其實這些問題並非現在才發生，過去加薩一直處在這種狀況下。據說加薩居民有大量疾病纏身的原因，便是飲用了這些受污染的水（也有報告指出，因使用受污染的水洗臉或身體，導致許多人患有皮膚病或眼疾）。

再加上，加薩的經濟基礎徹底遭到破壞，失業率高達46%，是世界上最高的。尤其是年輕人，幾乎全部失業。在加薩一般家庭中，有六成無法滿足基本的溫飽，超過一半的嬰幼兒營養不良。從母親懷孕開始，因母體自身無法獲得足夠的營養，孩子一出生便營養不良。

糧食不足的情況十分嚴重。當地八成的居民皆依賴聯合國等國際組織的人道援助。然而，由於無法獲得優質

的蛋白質來補充卡路里，他們只能大量攝取配給的廉價麵粉、油和糖來勉強維持生命所需的熱量。

那麼，長期持續這樣的生活飲食會導致什麼後果呢？居民會慢慢罹患糖尿病和其他文明病。如今，糖尿病已經成為加薩的地方病。

另外，沒有電力供應。我在2014年訪問加薩時，每天有8到16小時是停電的。正如之前給各位看的照片，加薩的城市和日本的城市一樣現代化，也有高層建築。然而，在這樣的地方卻沒有穩定的電力供應，每天只能供電幾個小時。想像一下這樣的生活情況，基本上是無法正常生活的。

現代醫療必須依賴電力，嬰兒保溫箱和手術也是如此。人工透析只能進行所需時間的一半，短期內勉強可以維持，但從長期來看，顯然居民的壽命會大幅縮短。

加薩屬於地中海氣候，所以冬天會下雨。一旦下起稍微大一點的雨，封鎖造成的燃料短缺，排水泵無法運行，加薩的低窪地區就會發生洪水。每年冬天，加薩經常遭受洪水侵襲。各位可以在圖片搜索引擎中搜索「gaza flood」，就能看到加薩今年冬天的照片。

生不如死

大量失業者充斥街頭，毒癮問題也極其嚴重。宣導海報警告愈來愈多人服用有止痛效果的舒痛停（tramadol）會產生興奮、上癮的作用。宣導內容寫著：「不要碰毒品、不要碰舒痛停！」

在黎巴嫩的貝魯特美國大學（American University of Beirut），有位巴勒斯坦難民第二代的社會學教授薩利·哈納菲（Sari Hanafi）將巴勒斯坦的情況稱為「Spaciocide」（空間的扼殺）。這個詞由「space」和「cide」組成，意指「殺死空間」。這裡的「空間」意謂著，能夠讓人類尊嚴地活著的生存條件。即便對方不是像戰爭那樣直接殺人，但透過扼殺一切使人活得像人的生活條件，讓他們在這樣的環境中無法過上尊嚴的生活。

2014年加薩戰爭期間，哈瑪斯拒絕了無條件停火方案。他們表示，無法接受不包括解除封鎖的停火。對此，日本和國際社會的報導譴責哈瑪斯：「明明以色列提出了停火協議，但哈瑪斯堅持自己的條件，拒絕停火，導致空襲繼續，加薩的巴勒斯坦人被殺害。」但是，明明是以色列在殺害加薩的巴勒斯坦人。

一星期後，來自加薩的民間代表向全世界發出了一封英語訊息，標題是：「我們不需要沒有解除封鎖的停火。」他們在信中訴求：「接受沒有解除封鎖的停火，等同於回

到攻擊開始前的狀態（即持續了7年的封鎖狀態），對我們而言，這等同於生不如死。」完全封鎖下的生活，對人類來說就是「生不如死」（living death）。

以色列發動最初的攻擊（2008至2009年）之後，研究加薩政治經濟的世界級權威薩拉·羅伊（Sara Roy）表示：「世界花了60年，成功將難民再次變回難民。」薩拉·羅伊是猶太裔美國人，她的父母都是二次世界大戰納粹大屠殺下的生還者。

「花了60年，成功將難民再次變回難民」是什麼意思？

距離發動最初的攻擊的60年前，也就是1948年，因為納克巴事件，超過75萬名巴勒斯坦人成為難民，被迫在聯合國提供的難民營中生活。之後，他們的情況如何呢？過了20年，國際社會依舊沒有提供任何解方。為了實現祖國的解放，這些巴勒斯坦人不得不拿起槍砲，接連發起解放運動。在1960年代後期到1970年代初期，巴勒斯坦游擊隊頻繁引發劫機事件，試圖將槍口對準世界公民的喉嚨怒吼：「這是你們的問題，世界必須解決這個政治問題！」才迫使國際社會開始尋求解決方案。

1974年，阿拉法特主席受邀到聯合國發表著名演講：「今天，我帶著橄欖枝，也帶著自由戰士的槍來到這裡。

請不要讓橄欖枝從我手中放下滑落。」橄欖象徵和平，他希望通過對話和平解決問題，但也警告說，是否讓他們重新拿起武器取決於國際社會的行動。

1987 年第一次巴勒斯坦大起義中，已被占領了土地20 年的巴勒斯坦人，包括兒童在內，都緊握著石頭勇敢地對抗以色列軍隊。

巴勒斯坦人拿起槍或石頭，以一個存在於歷史上的主體和政治上的主體，奮起抗爭，試圖掌握自身的命運。然而，加薩地區遭到封鎖，成為「世界上最大的露天監獄」，全境遭到無差別轟炸與破壞，加薩的巴勒斯坦人再次陷入了依賴配給才能生存的難民狀態──這就是「成功將難民再次變回難民」的意思。他們曾經努力成為掌握自己命運的政治主體，但因為持續的占領和封鎖，加薩的巴勒斯坦人被迫再次依賴國際社會的人道援助才能勉強度日。

因海洋污染已經波及到以色列，從 2022 年起，隨著電力供應略有改善，污水處理設施部分恢復運作，曾全面禁止游泳的海灘，部分地區開始允許游泳，但大多數海灘仍然遭到嚴重的污染，游泳可能會導致感染甚至死亡。只是，由於電力短缺，夏天無法使用空調和電風扇，即使明知對身體有害，他們也只能到海邊消暑。

如今，關於加薩的報導中頻繁使用「人道危機」這個

詞彙。然而，加薩的人道危機是以色列刻意、人為製造的，目的是抹殺巴勒斯坦人的政治主體性，阻止他們發出解放祖國、建立獨立國家以及難民返回故鄉的政治呼聲。人道危機確實存在，但這並非加薩和巴勒斯坦問題的全部。巴勒斯坦問題端賴政治手段解決的政治難題，然而，以色列卻不斷製造巨大的人道危機，將問題轉化為人道問題。

「別碰毒品」的宣導海報

偉大的回歸遊行

　　2018年3月底起，距離納克巴（大災難）70週年的時候，加薩走廊地區開始了一場為期一年半以上的「**偉大的回歸遊行**」（2018年加薩邊境抗議事件）。這場大規模的示威活動獲得哈瑪斯以及其他多個組織的廣泛支持，並號召當地居民積極參與。

　　這次遊行訴求有三點：首先是**實現回歸的民族權利**，其次是要求**解除對加薩的封鎖**，這種封鎖被國際法認定是非法的，最後是反對當年5月美國川普總統決定將美國大使館遷往耶路撒冷的決定。這些訴求都是藉由和平遊行提出的。

　　雖然在示威過程中仍有些年輕人在燃燒輪胎，或向邊界隔離牆另一側的以色列士兵投擲石塊，但整體上這是一場非暴力的示威。然而，對於這場和平示威活動，以色列軍隊的回應卻是催淚彈和實彈。

　　「偉大的回歸遊行」始於3月30日的「土地日」（Land Day）。1976年的這一天，以色列政府強行徵用土地，阿拉伯人城鎮的市民舉行抗議示威，遭到政府鎮壓，並且出現了死傷者。自此以來，這一天被稱為「土地日」，成為巴勒斯坦人民抵抗的紀念日。

　　從3月30日到5月14日美國大使館搬遷至耶路撒冷期間，共有一百多名示威者遭到殺害。然而，這一事件在日

本媒體中幾乎無人報導，僅在5月14、15日這兩天，日本媒體報導了：「美國大使館搬遷至耶路撒冷，引發加薩的大規模示威，造成超過一百人死亡。」

包括這次遊行的歷史脈絡、國際社會70年來一直承認巴勒斯坦人回歸的正當權利，以及要求解除違反國際法的封鎖……巴勒斯坦人透過和平示威遊行向世界提出這些訴求。然而，媒體僅僅報導了美國大使館搬遷到耶路撒冷，並稱此舉引發了加薩人民的抗議，對於其他原因與訴求都隻字未提。

在攻擊行動中，以色列軍隊積極瞄準年輕人的腿部。他們使用被稱為「蝴蝶子彈」的彈藥，這種子彈在擊中目標後，彈頭會像翅膀一樣展開，撕裂周圍的血管和神經。普通子彈可能會穿透或從體內取出，但被蝴蝶子彈射中，往往只能截肢，而且沒辦法麻醉。加薩的醫院設備和藥品極度匱乏，2014年我造訪此次遭受空襲的希法醫院（Al-Shifa Hospital）*時，接待我的醫生打開櫃子說：「什麼都沒有。」連醫院都沒有麻醉藥，醫生只能告訴傷者家屬去藥局找麻醉藥，但即使藥局有，病人也可能沒有錢購買。結果，截肢手術只能在沒有麻醉的情況下進行，情

*
編注：希法醫院曾是加薩走廊最大的醫院，於2024年4月以色列對醫院的第二次襲擊中被完全摧毀，周圍發現有數百具屍體。

況如同戰地醫院。以色列軍隊採取這種策略，目的是讓巴勒斯坦的年輕人變成殘疾人。

加薩自殺事件增加

　　大約從2014年攻擊事件發生後，加薩的自殺率，尤其在年輕人之中顯著上升了。雖然相較於日本，個案並不算多，但在伊斯蘭社會中，自殺是極大的禁忌。

　　在伊斯蘭教義中，自殺和殺害他人同屬嚴重的罪行。因此，家中若有人自殺，整個家庭會被視為犯罪者。即便如此，加薩的自殺率仍在上升。雖然具體數據不清楚，但2020年的前7個月，加薩地區共有30起自殺事件和600起自殺未遂的通報，數字是5年前的三倍。

　　以色列邊界的緩衝區（禁入區）是個危險地帶，進入該區域的人會遭到以色列士兵射殺。有些人衝進緩衝區，自願被狙擊而死，如此一來，他們的死可以被視為在民族解放戰鬥中的犧牲，而不是自殺。

　　很多人則是選擇跌落摔死，因為失足而死較難判定是否為自殺。家人往往因為擔心名聲問題而不公開自殺的事實。然而，即使在這種情況下，也有些人選擇在街上倒上柴油，自焚而亡。

　　這與2011年一系列的阿拉伯革命，即所謂的「阿拉伯之春」發端事件相似。前一年的12月，突尼西亞的地方城市發生了一起震撼人心的事件。貧窮青年穆罕默德・布瓦吉吉（Mohamed Bouazizi）在對社會不公正的抗議中自焚*，這一行動最

*
編注：布瓦吉吉之死最終引爆突尼西亞人長期以來對於獨裁政府的民怨，其後發展成席捲全國的茉莉花革命。

終導致了持續近四分之一世紀的班・阿里（Zine El Abidine Ben Ali）總統獨裁統治的結束；這股抗議風潮在埃及，迫使總統穆巴拉克（Hosni Mubarak）下台*，成功實現了公民革命。

編注：穆巴拉克擔任埃及總統長達30年之久（1981～2011年），因革命期間下令鎮壓示威者，卸任後遭判處終身監禁。

在加薩，淋柴油自殺如同布瓦吉吉的自焚一樣，是對積壓已久的不公正奮不顧身的抗議。更重要的是，這是將自己的死亡轉化為公開劇場化的方式，希望通過這樣的死亡形式，引起世界對當前加薩狀況的關注，是發自靈魂深處的吶喊。

自殺的不僅僅只有年輕人。因無法填飽孩子的肚子，無法履行做為家長的責任而痛苦的男性選擇了自殺；不想將孩子生在這樣的世界中，認為即使生下來也可能在下次攻擊中被殺的女性，在懷孕期間選擇自殺。現在，加薩的年輕人面臨的選擇是自殺、毒品成癮、或者設法逃出加薩前往歐洲（但大多數情況下會被強制遣返），情況極為嚴峻。

以色列認為，如果他們完全封鎖加薩，將人囚禁在這樣的困境中，巴勒斯坦人便不會反擊。但事實並非如此。他們為了表明絕不放棄自己的正當權利、返回故鄉的權利、民族權利、從占領中解放，生活在巴勒斯坦的權利，加薩的巴勒斯坦戰士明知是有去無回的旅行，明知會死

去，仍要跨越國境前往以色列。

以色列宣稱從巴勒斯坦戰士的遺體中發現了哈瑪斯的「殺人教戰守則」，日本媒體也照樣報導了這一消息。但是，如果哈瑪斯真的下令對強姦婦女、燒死嬰兒、殘殺平民等，那麼他們就會把本應支持他們正當戰鬥的國際社會變成敵人。所以，我不認為以色列政府所說的哈瑪斯殺害平民教戰守則是真的。的確，野外音樂會和吉布茲的平民死亡是事實，哈瑪斯也承認作戰計畫中有綁架平民做為人質的行動，這點是非對錯必須認真調查審視。然而，從理性角度來看，積極殘殺平民對哈瑪斯以及參與此次軍事行動的其他解放組織，甚至整個巴勒斯坦解放運動，都沒有任何好處。

除非站在「這些人都是嗜血的野獸」、「不按照人類合理邏輯行動的人」這種極端歧視和種族主義的角度，否則很難相信他們會做出這樣的事。

「只要遵循國際法對待巴勒斯坦」

加薩巴勒斯坦人權中心的代表拉吉．蘇拉尼（Raji Sourani），他是一位人權律師，也是有「另類諾貝爾和平獎」之稱的「正確生活方式獎」（Right livelihood Awards）的獲獎者。2014年加薩戰爭結束後的10月，他訪問了日本，並在京都大學演講。他在演講中強調：「只要遵循國際法對待巴勒斯坦，我們就心滿意足了。」

2023年10月17日，他接受了美國記者艾米．古德曼（Amy Goodman）的獨立媒體節目《Democracy Now!》的聲音訪問，他在訪問中堅定地表示自己不會成為「善解人意的受害者」（Good Victim），也不會離開加薩市。

「善解人意的受害者」到底是什麼意思呢？

以色列此次警告住在加薩北部的居民「往南避難」，而哈瑪斯則聲明不要離開北部，這被日本媒體報導炒作為哈瑪斯不人道的證據。然而，逃離的民眾在以色列指示的避難路線上也遭到了攻擊。而且，中部和南部的避難區域現在也遭受到無差別的轟炸。只要還在加薩地區，無論走到哪裡都可能被殺害。以色列並非出於人道立場而敦促北部居民避難。正如以色列政府高官公開表示，他們是為了進行第二次「納克巴」（大災難），就像75年前那樣，驅逐加薩的居民進行種族清洗，建造一個沒有巴勒斯坦人的巴勒斯坦。

在這種情況下，拉吉・蘇拉尼表示，他將堅守在北部的加薩市。75 年前，巴勒斯坦人因逃離而成為難民，失去了自己的祖國。正因為有這樣的經歷，他絕不會再次輕易成為種族清洗的犧牲者。在這場轟炸下，也有些人表示，除非能回到被以色列占領的故鄉村莊，否則他們絕不會離開加薩。而關於巴勒斯坦人這樣的呼籲，媒體完全沒有報導。

　　其實我還有很多很多的事想說，但請各位至少思考以下幾點：

1. 為什麼巴勒斯坦人會成為難民？
2. 以色列是如何建國的，並且以色列是個怎樣的國家？
3. 加薩人民，尤其是在過去16年中處於封鎖的狀態下，這是一種怎樣的暴力？

　　只要掌握這幾個要點，便能理解哈瑪斯這次主導的加薩戰士跨境突襲的真正面貌，這並不是為他們犯了國際法上的戰爭罪行開脫，而是能看清其背後的更多事實，絕非如以色列所宣傳的那樣，只是一群嗜血的恐怖分子對平民展開的殘忍屠殺。

　　以色列不希望被世人知曉。因此他們極力掩蓋，而日本的媒體也隨之附和。現在發生的事就像從75年前逐漸

延續至今的「漸進式種族滅絕」（伊蘭・帕佩）的最終清算。希望大家能理解這一點。

最後，我想送給各位一句話。這是伊斯蘭中世紀神祕主義思想家曼蘇爾・哈拉智（Mansour al-Hallaj）說的一句話。

地獄，不是眾生在其中受苦的地方。
而是眾生受苦時，無人願意注視的地方。

＊ https://www.democracynow.org/2023/10/17/raji_sourani_gaza

來自約旦河西岸地區的
喬瑪娜女士的演講

今天，有兩位目前住在京都的巴勒斯坦人也蒞臨現場，希望她們能與我們分享自身的故事。首先，有請來自約旦河西岸地區的喬瑪娜・哈利勒女士說幾句話。

大家晚安。

很感謝大家今天蒞臨此地。

巴勒斯坦人土地被強行占領、種族清洗和壓迫已經持續了75年，令人悲哀的是，我們仍然必須站在世界面前，證明自己是受害者，而不是恐怖分子。我們並沒有侵略其他國家，我們絕不是威脅世界的存在。

至今，世界上仍有數百萬甚至數十億的人未認知到這個無庸置疑的事實。

因此，我非常感謝岡真理老師，感謝她介紹這些事情，並試圖將真相傳達給世界。

我們巴勒斯坦人每天都在手機上滑動影片，看到我們的同胞在自己的國家中遭到大規模屠殺，而全世界卻依舊保持沉默，這是我人生中最悲傷的日子。

以色列目前的所作所為，對我來說並不感到驚訝。

我是巴勒斯坦人，也經歷過第一次巴勒斯坦大起義，來自約旦河西岸地區。雖然我出生在耶路撒冷，但現在卻

被剝奪了前往那裡的權利。

　　在十年前來日本之前，我一直住在約旦河西岸。從出生以來，就一直生活在軍事占領之下。每天在去大學或祖父家的路上，我都會被士兵這樣對待（做出被槍口對準的姿勢）。這就是生活在軍事占領下的現實。

　　由於必須通過檢查站，原本車程只需20分鐘的大學路程變成了兩小時。每天、每天，我的人性遭到否定，面對著槍口，被問到：「叫什麼名字？為什麼來這裡？」僅僅因為我出生在巴勒斯坦，我的家人是巴勒斯坦人。從小時候起，便一直如此。然而，我想再說一次：到現在，我們仍必須不斷證明自己才是受害者，這件事本身太可怕了。

　　同時，我也要再次再次強調，現在發生的事並不是對哈瑪斯的戰爭。

　　約旦河西岸地區沒有哈瑪斯。然而，就在昨天一個晚上，我所在的西岸城市就有13名巴勒斯坦人被殺害了。他們沒有攜帶武器，只是為了爭取自由，為了最基本、最根本做為人的權利而戰鬥的巴勒斯坦人。這13名巴勒斯坦人就這樣被殺害了。

　　我們一直生活在土地遭占領和種族清洗的窘境。在耶路撒冷、希布倫（Hebron）和西岸南部，違反國際法規定的定居點每年都持續在擴大。

即使沒有哈瑪斯，我們仍然生活在這樣的殘酷現實中。正如岡老師剛才說明的，2018年，加薩舉行了「偉大的回歸遊行」的非暴力、百分之百和平的非武裝抗議活動。加薩的七成居民是難民，他們平和地訴求希望兌現聯合國承認的回歸權。但在這次抗議活動中，卻有300名巴勒斯坦人被射殺。

也就是說，問題並不在哈瑪斯。而是所有追求自由的巴勒斯坦人都是以色列的目標。

因此，我要呼籲，特別是此刻，不僅是巴勒斯坦人，所有人都應該站出來反對加薩的這場種族清洗，為巴勒斯坦人的自由而奮鬥，並追究以色列的責任。

以色列並不凌駕於法律之上，這種情況絕不能存在。以色列在過去75年來，持續犯下無數的戰爭罪行，侵犯了各種人權。我們不能再讓以色列凌駕於法律之上。不幸的是，世界各國政府多數支持以色列，這些政府中有法西斯、極右勢力，連日本政府也不例外。

然而，人民應該比政府更強大。我們必須站起來，發出聲音，改變新聞中充斥的謊言和錯誤資訊。我們有力量抵制所有支持巴勒斯坦殖民主義和種族隔離的企業團體。

我們應該要做點什麼。南非前總統曼德拉（Nelson Rolihlahla Mandela）曾說過：「沒有巴勒斯坦人的自由，我們

的自由是不完整的。」

　　尤其是現在，比以往任何時候都更加重要，我們絕不要僅僅看著手機上的大屠殺畫面，然後登出並保持沉默。

　　如果我們任由這種事情發生，那麼人性光輝已死去。我們將喪失心中的人性。美國的金恩（Martin Luther King, Jr）牧師也曾說過，我很喜歡這句話：「任何地方的不公正都是對所有地方公義的威脅。」

　　換句話說，如果加薩的種族清洗持續下去，世界其他地區也將會出現類似的種族清洗。

　　我感謝大家試圖理解現在發生在加薩的事。今天講座中最重要的一點是：如今的媒體報導充斥著令人感到遺憾的錯誤資訊。

　　以色列聲稱哈瑪斯斬首了40名以色列嬰兒，但隨後自撤了這一說法。白宮也跟著撤回。他們還報導哈瑪斯強姦了女性，但後來又表示「沒有證據」。

　　以色列轟炸了醫院，也在推特上承認了做了此事。以色列媒體發言人自己承認了這一點。然而，他們刪除了那條推文，並宣稱哈瑪斯誤炸了醫院。我們不能允許如此多的謊言流傳。

　　因此，感謝你們盡最大努力去了解正在發生的事情，

傾聽真相。但請不要僅將真相保留在這裡，要盡可能擴散傳播。如果在媒體上看到不實的資訊，請糾正它們。謝謝。

喬瑪娜‧哈利勒

來自加薩中部安哈爾女士的演講

接下來是安哈爾‧阿拉伊斯女士,她來自加薩中部。

我試圖將當下的感受寫下來,老實說我找不到能夠表達內心悲痛和不安的詞語。不過我還是將這種無法言喻的悲痛和不安寫成了一封信。

巴勒斯坦人長期以來,嘗盡了以色列的集體屠殺、強制遷移、殺戮、封鎖和監禁等艱辛。

然而,我們在這十天裡所經歷的苦難(注:演講日期為2023年10月20日),堪比過往多年積累的痛苦。

眼下已有超過4,000人喪生,其中包括1,500名兒童,還有16,000人受傷,這些傷者沒有藥物可服,無法接受治療,甚至沒有安身之所。受傷者多數是兒童,未來死亡的數量可能會翻倍。

要我講述現在的慘狀嗎?

以色列摧毀了我畢業的學校、我曾經出生、成長、走過的街道。

他們摧毀了我的故鄉、家園、市場、房屋、道路、銀行、麵包店、福利設施和高樓。

要我講述死亡嗎?

我們隨時可能在下一刻死去。

我們時刻處於恐懼、破壞和慘狀之中。

死亡的聲音、求救的聲音、尖叫和恐懼充斥著四周。到處都是死亡和爆炸的氣息。

僅僅一分鐘內，就有數百人喪生。

孩童四分五裂的遺體，甚至無法辨認身分。

不滿一歲的嬰兒，失去了家人，只剩下自己孤苦伶仃，無人幫助，沒有食物和母乳。

受傷的孩子獨自站在醫院前的巷子裡。

有些胎兒在母親的腹中就被燒死、殺害或受傷。

這些無辜的人究竟做錯了什麼？

由於醫療器材和病床的不足，只能在地板上進行手術和急救處置，而且沒有麻醉。

儘管有這樣的屠殺、破壞和慘狀，封鎖依然持續著。

沒有水，也沒有電力和食物。

沒有安全的地方，也沒有對外通訊的方法。

我們被困在世界上人口最稠密的地區，一個巨大的監獄之中。

以色列國防軍轟炸了一家醫院，這家醫院裡有數十名患者和數百名平民百姓。他們是為了逃避轟炸而躲進醫院

中庭的人。就這樣被殺害了。

　　現在無法精確統計死亡人數，因為他們的遺體已被炸得四分五裂。在轟炸前，那裡擠了超過500人。

　　我來談談我自己吧。

　　我目前在日本與還未滿一歲的女兒一起生活。

　　我無法入睡，無法進食，也無法安撫孩子。因為我無法不關注新聞，心裡充滿了隨時可能失去家人的恐懼。

　　我在巴勒斯坦的家人現在是否還活著，我也不知道。

　　也許，我的弟弟被壓在遭摧毀的家園下，已經氣絕身亡。

　　也許，我的妹妹受了傷，獨自躺在地上，無法獲得任何救治，痛苦地呼喊救命。

　　或許，有人在倒塌的家園下一息尚存。他們找得到水和食物嗎？

　　他們在恐懼中尖叫嗎？是在哭泣嗎？

　　整天想著這些，我也陷入了慢慢接近死亡的情緒中。

　　我從親戚那裡收到有關家人最後的消息是：「我們沒有水也沒有食物，孩子們發著高燒，但沒有醫院也沒有藥。」

有不計其數需要醫療救助的傷者；有數百個家庭遭活埋在被摧毀的房屋下；有許多孩子失去了臂膀或雙手。

其中有些人最終可能因為缺乏治療或找不到醫院，甚至醫院停電而去世。

現實超出了我的想像，我無法找到相應的言語來形容這場悲劇的規模。我帶著破碎和撕裂的心，向人類、向你們內心的良知呼籲，請停止這場屠殺和流血，讓水、食物和藥物進入加薩吧。

我們的孩子並不是拜登所說的野獸。他們是人生父母養的孩子。

你們明白嗎？

以色列正封住我們的口。

無論我們身處何處，他們都圍困著我們。因為他們不希望任何人知道真相。他們知道自己犯下的罪行有多醜惡。

當我們在臉書上揭露他們的罪行時，他們會刪除那些頁面和貼文。

他們阻止外國媒體進入加薩。

他們切斷我們的網際網路，讓我們無法向世界傳遞訊

息。現在，甚至連當地的新聞機構也無法傳達真實的狀況。

　　他們向世界散播謊言，毫無證據地指責我們殺害兒童。但，我們擁有無數證據、影片和直播來揭穿他們的罪行……
　　如果他們誠實正直，就不應該這麼做。

安哈爾・阿拉伊斯

PART **2**

加薩是人類的恥辱
ガザ、人間の恥としての
早稻田大學演說（2023年10月23日）

首先，在演說開始之前——

　　這一切並非始於 10 月 7 日的攻擊，也不是從 75 年前開始。

　　80 年前，在歐洲反猶主義催生出的納粹大屠殺中犧牲的人們。

　　在大屠殺中逃過一劫，卻在回到故鄉後遭到虐殺的人們。

　　或是無處可去而來到巴勒斯坦，投身戰鬥創建猶太人國家，卻因此死去的人們。

　　以及為了猶太國家的建立，在巴勒斯坦展開種族清洗的過程中，遭到屠殺、喪失性命的人們。

　　在淪為難民之後仍數度遭遇屠殺，以及因滯留在成為以色列領土的巴勒斯坦，而遭官兵殺害的人們……

　　讓我們為這些亡者默哀。

　　如今加薩已失去電力供應，一片漆黑。讓我們也關掉會場燈光。

　　現在，一同默禱。

　　謝謝大家。正如剛剛主辦單位代表中島先生提到的，這場研討會是在上週三決定舉辦後，由關心此議題的學生們於短短四天的時間裡進行準備，並且跨越了大學的藩

籬，獲得同學和教職員的協助，才能在今天舉行。在此要先對伸出援手的各位，還有主辦單位「想想生活在『巴勒斯坦』的人們 學生青年志工團體」成員，表達發自內心的深切感謝。

現在，目前正發生的事

我真的已經不知道該說什麼。

上週六，關注此議題的京都市民也在京都舉辦了緊急學習會，有兩百多位民眾參加（請參考第一部）。線上直播的觀看人數，最高也到達千人以上。

在學習會的最後，一位來自約旦河西岸地區，住在京都的巴勒斯坦人喬瑪娜女士以英語發言。她是這樣開頭的：「巴勒斯坦人失去祖國75年，加薩和西岸遭到軍事占領50年，而加薩遭到全面封鎖，今年已經是第17年。但是直到現在，我仍必須像這樣向世界解釋巴勒斯坦人是受害者。這件事讓我非常哀傷，甚至感到驚懼。」

今天在前往東京的新幹線中，我收到喬瑪娜女士傳來的郵件。她說，她在加薩的朋友，有60名家人和親戚死亡。

我已經什麼話都說不出來了。

這個週末我一直在準備今天的講稿。身為主講人，我必須站在台上向大家演說，但我卻陷入難以思考或寫下文字的情緒之中。

對於目前發生的事，我們並非一無所知。就像德國人無法在大屠殺發生後聲稱「自己不知道」，並以此為藉口——這與是否知情無關。宛如納粹大屠殺的種族滅絕，此刻，正在真實上演。就在我們的眼前。我們透過電視看到，然後知曉。大屠殺就在全世界的注視下發生。到底該怎麼

用文字來描述這種狀況？我真的不曉得。

　　雖然聽起來像是藉口，不過由於時間倉促，加上準備期間這種無言以對的心境，今天的演說內容或許會比較片段，或是偏重某部分，在結構上較不完善。另外，報名參加這場研討會的人數超過兩千人，演說內容或許無法符合所有參加者的預期，也可能無法滿足全部的聽眾，但仍希望諸位能聽我說下去。

不斷反覆、再反覆

　　現在加薩所發生的就是種族滅絕，除此以外，別無其他。

　　究竟什麼是「加薩問題」？

　　這並非以色列第一次對全面封鎖下的加薩發動大規模軍事攻擊。至今為止，加薩地區早已反覆遭受過無數次攻擊。

　　最早的一次攻擊從2008年12月底到2009年1月為止，持續22天。

　　剛開始時，我曾經稱這是一場「歷時約三週」的攻擊。22天，要說是大約三個星期也沒有問題，但我覺得還是必須使用「22天」。如今這場攻擊已經結束，我們才知道整場攻擊長達22天，但在攻擊不斷進行的當下，沒人知道它會持續多久。也有人死在第22天。若攻擊只持續21天，這些人或許不會喪失性命，因此我們不能簡略地以「約幾日」、「約幾週」來描述，必須直言這場攻擊長達「22天」。

　　期間巴勒斯坦的死亡人數超過1,400人。

　　當我聽到以色列大舉進攻加薩的消息時，感到難以置信。加薩受到完全封鎖，居民們不可能逃出來。當時加薩人口150萬人，這150萬人都被圍困在其中，無處可逃。加薩就在這種狀態下，日夜不停地遭到來自陸海空三方面的飛彈和砲彈攻擊，以色列甚至還發射了白磷彈。

只要接觸到空氣，白磷彈引發的火勢便難以撲滅。一旦接觸到人體便會焚盡肌肉直達骨骼，若吸入體內，則會導致肺部以及內臟嚴重灼傷。

　　當時推特和Instagram都還沒有那麼流行，加薩阿茲哈爾大學（Al-Azhar University-Gaza）英美文學教授薩伊德・阿布杜拉瓦黑德（Said Abdelwahed）每天透過郵件，告訴我們在何月何日幾時幾分，加薩的哪裡現在正發生什麼，而在昨天又發生過什麼。這些郵件後來彙整成《加薩通信》（ガザ通信）出版。

　　這場攻擊開始幾天後，阿布杜拉瓦黑德教授透過電子郵件，以附加檔案的方式分批送來幾十張照片。裡面有著只剩下頭顱的女孩滾落在瓦礫間的照片。之後以關鍵字「白磷彈 加薩」在網路上搜尋，還能找到下半身斷裂粉碎，被白磷彈燒焦的嬰兒照片。

　　這些事堪稱泯滅人性。難以置信是人類所為。

　　在停戰後，我曾有多次機會談到加薩。每次，我都會援引韓國詩人文富軾在1980年光州事件回憶錄《尋找失去的記憶》所引用的那句，「遺忘，是孕育下次屠殺的溫床。」對我們來說，現在的加薩還未成為過去，而下一次的「加薩」就在前方。若是我們忘記這次發生在加薩的事，那麼，我們的遺忘，便鋪就了通往下一次「加薩」的道路。

不斷遺忘的結果

　　以色列對加薩的首次攻擊在 2009 年 1 月停火。而後，由南非前大法官、法學專家理查・戈斯東率領的聯合國調查團進入加薩，為這場戰爭做出詳細報告。這份報告書的結論是，雖然加薩和以色列雙方均犯下戰爭罪，但以色列的戰爭罪數量占壓倒性的多數。報告書在聯合國大會獲得多數通過，然而美國和以色列投下反對票，日本則是棄權。

　　即使聯合國調查團已提出報告，但以色列卻不曾因其所觸犯的戰爭罪受到追究，例如確保以色列負起責任對此提出公開說明，或是對應負責者施以懲罰。加薩雖然仍處在封鎖的圍困之中，卻被忘得一乾二淨。

　　在距離首次攻擊的 4 年後，2012 年 11 月，以色列再度展開歷時 8 天的攻擊。停戰。世界再次把加薩拋到腦後。

　　2014 年 3 月，我成功進入加薩。

　　當時加薩遭到雙邊封鎖已經 7 年。我前往希法醫院，接待我的醫生打開櫃子說：「什麼都沒有。」無論是藥物、麻醉藥還是醫療包，在那時都已經見底。而且由於醫院需要電力，燃料必須優先給醫院的發電機使用，救護車也盡量減少了出動次數。醫生這麼告訴我。

　　而在那 4 個月後，2014 年 7 月，加薩受到長達 51 天的攻擊，超過 2,200 人死亡，其中有 500 名是小孩。

加薩人口中年輕人占的比例非常高，其中65%在24歲以下，平均年齡18歲，40%是14歲以下的孩童。因此若遭受無差別攻擊，犧牲者會有一半都是孩子。

　　而在這場攻擊中，加薩180萬居民中超過50萬人被迫離家，人們避難的聯合國學校也成為攻擊目標，避難者和聯合國工作人員都在攻擊下犧牲。這已經不是聯合國設施首次成為攻擊目標。

　　以色列開火一週後，埃及出面提議無條件停火方案。對於堅持要求「解除封鎖」，不願無條件停戰的哈瑪斯，世界出聲譴責。

　　明明每天在加薩奪走巴勒斯坦人生命的是以色列，媒體報導的論調卻是「哈瑪斯堅持要求不肯退讓，拒絕接受無條件停戰提議，攻擊因此持續，造成加薩的巴勒斯坦人被殺害」。

　　一星期後，來自加薩的民間代表向全世界發出了一封英語訊息，標題是：「我們不需要沒有解除封鎖的停火。」他們在信中訴求：「接受沒有解除封鎖的停火，等同於回到攻擊開始前的狀態（即持續了7年的封鎖狀態），對我們來說，雖生猶死。若是如此，我們寧可選擇在這場戰爭裡戰死」。接下來，停戰。加薩市民口中「雖生猶死」的封鎖依舊持續。

不對稱的攻擊

　　2014 年 10 月，在加薩戰爭發生不久的兩個月後，本部位於加薩的巴勒斯坦人權中心代表拉吉‧蘇拉尼來到日本，他在京都舉辦的演講中表示，「我們只希望，讓國際法的規範也能落實在加薩。」但以色列在這場攻擊中所犯下的戰爭罪，卻依然沒有受到審判。

　　以色列在這場戰爭中大規模實行稱為「達希耶準則」（Dahiya doctrine）的軍事戰略。阿拉伯文的「達希耶」意為郊外。2008 年，以色列首次攻擊加薩時也使用了這個戰術，戰術名稱來自於 2006 年以色列進軍黎巴嫩時，對貝魯特郊外所進行的攻擊，因此稱之為「達希耶準則」。

　　這是個什麼樣的戰術？這是一種以不符合目標規模，壓倒性的不對稱火力、戰力進行攻擊的戰術。例如使用破壞範圍可達半徑 50 公尺，但落點誤差也有 50 公尺的砲彈接連砲擊。然而，原本就不應該使用超越比例原則的火力或是武力攻擊目標，這種不對稱的攻擊，毫無疑問地違反了國際法。

　　在以色列持續攻擊中，巴勒斯坦的情報網站上公開了無人機的空拍影像。看到這段影片，我腦中立刻浮現日本 311 大地震中遭到海嘯襲擊的受災地，還有，6 月 8 日，原子彈轟炸過後的廣島。

　　前面提到，這場長達 51 天的攻擊中，加薩的死亡人

數超過2,200人。當時加薩人口共180萬人，若按比例換算成日本人口，則死亡規模相當於15萬人。而廣島從原子彈投下的1945年8月6日到12月底，因感染輻射死亡的人數約為14萬人。

此外，根據加薩警察炸彈處理部隊的報告，雖然這場攻擊中並未使用核武器，但當時發射的砲彈以及火箭，其火力較廣島原子彈爆炸威力換算成TNT火藥後還要大。也就是說，儘管沒有使用核武器，2014年加薩所受到的攻擊，其破壞力規模和犧牲者數量皆相當於廣島原爆。若在廣島投下原子彈屬於大規模屠殺，那麼2014年的加薩也是一場大規模屠殺。

在這場2014年的攻擊之後，達希耶準則改稱為「加薩準則」。

伊斯蘭教視自殺為最嚴重的宗教禁忌，但也是從這時候開始，伊斯蘭社會的加薩出現了自殺者。阿拉伯語的自殺是「intiḥār」，過去這個詞不會出現在加薩，人們即使聽到，也只覺得難以理解。但不知從何時起，「intiḥār」一詞卻已充斥在加薩日常生活中。

攻擊和平示威

    2018年，也就是5年前，「偉大的回歸遊行」在加薩舉行。

    那是巴勒斯坦人因祖國遭到占領，淪為難民的「納克巴」（大災難）起第70年，統治加薩的哈瑪斯政權以及各黨派一同發聲號召，從這一年3月30日「土地日」起，到巴勒斯坦失去祖國70週年的5月15日間，舉行名為「偉大的回歸遊行」的示威抗議。大家舉起巴勒斯坦國旗，在加薩和以色列邊界附近遊行。

    這場偉大的回歸遊行提出三項訴求。

    第一，讓難民返回故土。自「納克巴」起70年，加薩居民中有七成是1948年湧入加薩的難民及其後代。返回遭到以色列占領的故鄉，這是受到國際社會承認，屬於他們的權利。他們要求實現這項權利。

    第二，解除加薩當時已經持續10年以上，違反國際法的封鎖。

    第三，當時美國正值川普執政，美國總統川普踐踏國際法，決定將美國大使館遷往以色列占領下的耶路撒冷。他們對此表示抗議。

    「偉大的回歸遊行」大致上是一場非暴力示威。會說是「大致上」，是因為遊行中也出現焚燒輪胎，還有年輕

被誤解的加薩   加薩是什麼地方？透視以巴衝突的根源

人施放夾帶爆裂物的風箏，但整體上這仍是一場非暴力的和平示威。然而，以色列軍方的回應卻是發射催淚彈，狙擊非暴力示威者。根據國際特赦組織的報告，在這半年間加薩有150人死亡，傷者估計至少一萬人。這受傷的一萬人當中甚至包括115名醫療人員，他們是為了救助以軍攻擊下的負傷者而參與救援工作的志願者。此外，還有1,849名傷者是孩童。實彈傷害超過5,800件，其中也有傷患因傷勢不得不切除膝蓋甚至大腿以下的部分。

以色列是意圖性地針對年輕人的雙腿。以軍會使用國際法禁止的武器，包括榴霰彈，這種內部裝滿擊中後會在衝擊下噴出小顆金屬彈丸的子彈，還有擊中後彈頭會展開宛如複數刀刃的蝴蝶子彈（俗稱達姆彈的擴張型子彈的一種）等。若是被普通子彈擊中，可能會造成貫穿傷或必須從體內取出彈頭進行治療（雖然加薩的藥品極度匱乏），然而榴霰彈之類的子彈甚至連周圍的血管和神經都能撕裂，可能因此引發感染致死。所以被這類子彈擊中，只能截肢。當時有許多被迫單腿截肢，或是雙腿截肢的年輕人。以色列積極採取的戰略並非是射殺，而是瞄準年輕人的雙腿，藉此造成無法挽回的殘疾。

即使付出的犧牲如此巨大，遊行訴求卻未登上媒體報導，無論是實現已延宕70年的難民返家，或是要求解除

超過 10 年的非法封鎖。攻擊巴勒斯坦人提出正當訴求的和平示威，導致大量死傷，以及使用違反國際法的武器，意圖造成人員殘疾等行為，這些問題完全沒有受到重視。

日本媒體報導 5 月 14 日美國大使館遷至耶路撒冷的儀式，僅簡略提及反對使館遷移的巴勒斯坦人在加薩舉行大規模抗議示威，示威中出現死傷。

以色列併吞軍事占領下的東耶路撒冷，並以耶路撒冷為首都，這件事本身就違反國際法；而美國大使館遷移至耶路撒冷，也違反了國際法。當然，主流媒體沒有完整地報導出這些事實。

2014 年持續 51 天的攻擊後又過了 7 年。2021 年，加薩再次遭到長達 15 天的攻擊。

在這幾年間，毀滅性武器的發展相當驚人。飛彈或砲彈擊中建築物後所升起的濃煙量完全不同以往，一枚飛彈就能將整棟大樓化為瓦礫。威力之巨大根本超乎想像。2008 年到 2009 年以色列首次進攻加薩時，以軍的攻擊讓人感到難以置信，但若與此時相比，甚至可以算是緩和平穩。

可恥的遺忘

停戰，然後遺忘。

正因為我們如此反覆遺忘，才讓這次的加薩被送上已鋪就好的，無可否認的種族滅絕之路。

不管是媒體還是公民社會，都只在攻擊持續時建築物遭到破壞、人們被大量殺戮才去關注、進行連續報導，一旦停戰就將此事拋諸腦後。即便加薩人仍然生活在扼殺他們的封鎖之中。只要這份痛苦「只」屬於巴勒斯坦人，以色列不管怎麼踐踏國際法，犯下戰爭罪，世界都不會在意。

就算巴勒斯坦人透過非暴力示威，要求實現他們受到世界認可、國際社會承認的正當權利，就算這場示威遭受以色列的攻擊而出現多少死傷者，對世界而言都無所謂。最多就是當成美國大使館移往耶路撒冷的報導點綴，介紹一下在加薩出現反對此事的抗議活動，此即足矣。

對我來說，正是這些可恥的遺忘和屠殺，造成今天種族滅絕在加薩發生。

雖然我批判媒體，但這也是對我自己的批判。

我想應該有很多人收看了昨天NHK的特別節目（10月22日播出的「哈瑪斯與以色列 激烈對峙將到何種程度」）。2000年到2004年間擔任耶路撒冷特派員的鴨志田鄉解說委員，回國後因忙碌於其他工作，沒有再接觸巴勒斯坦及以色列有關事務，他說自己對此感到自責。鴨志田

先生的表情，讓我感受到他毫無掩飾，直接而真誠的情緒。因為，現在的我也是抱著同樣的心情，不斷地責備自己。

這段期間，我到底做了什麼？雖然每次攻擊發生時，我都會呼籲「遺忘是下一次虐殺的溫床」、喊著「我們到底要持續如此可恥的遺忘到何時」，但在攻擊停止的期間，我又向世界傳達了多少關於加薩的狀況？

應該感到羞恥的，是我自己。所以，現在站在裡演說，我感到十分痛苦。

請告訴我。

若以非暴力方式提出訴求，世界也不願側耳傾聽，那麼除了拿起槍以外，加薩的人們還有其他方法可用嗎？這不是反問，這是單純的疑問。請告訴我。

巨大的實驗場

加薩是什麼？

加薩，是一座巨大的實驗場。

它是實地測試以色列最新武器性能的場所。若進行大規模攻擊，世界新聞便會播放。加薩是實地展示那些武器性能的展示櫃，還能清空新武器開發後不再使用的舊武器庫存，加薩就是這麼方便的地方。

加薩，是一座實驗場。

將百萬人以上的難民驅趕至此，經過50年以上的占領，再加上超過16年的完全封鎖，不管是食物或是醫藥，都僅給予極為艱難方得以維生的分量。如此一來，人類會如何、這個社會將變得如何、又會發生什麼。這就是正在加薩進行的實驗。

加薩的產業基礎遭到破壞，失業率將近50%，是世界上最高的。此外，有五成以上的人口被迫生活在貧窮線以下，三成家庭甚至連教育費用都不夠。八成家戶需要仰賴糧食救援，藉著大量攝取聯合國或是國際救援組織所配給的麵粉、油或砂糖來勉強獲得維持生命所需的熱量。

但大量攝取碳水化合物和油脂會造成什麼結果？糖尿病如今已成為加薩的地方病。加薩人因糖尿病而肥胖，以色列卻表示，「加薩人人超重，說什麼因為完全封鎖而挨餓，全是謊言。」

完全看不到未來的希望，即使在視自殺與殺害他人同屬嚴重罪行的伊斯蘭社會裡，自絕性命者變得層出不窮。

顧忌外界眼光，偽裝成意外死亡的墜亡者。故意衝向以色列邊境圍牆而遭到射殺——如此就可以被視為在民族解放戰鬥中的犧牲，而不是自殺，也不會觸犯宗教之罪。也有些人選擇把柴油淋在身上，在大街上自焚而亡。

13年前，突尼西亞的地方小城裡，貧窮青年穆罕默德·布瓦吉吉在廣場上點火自焚，以死抗議社會腐敗橫行。這一行動最終導致了突尼西亞總統班·阿里20多年的獨裁政權結束，埃及總統穆巴拉克被迫下台，埃及的公民革命得以實現。也有年輕人抱持著自己的死亡說不定能獲得世界的關注，讓世界願意為加薩的封鎖圍困發聲這種想法自殺。

或有因為餵不飽孩子，無法履行做為家長的責任而在痛苦中自殺的男性；不想將孩子生在這樣的世界中，認為即使生下來也可能死於食物不足，或在下次攻擊中死去，而帶著腹中小生命自殺的女性。

儘管如此，仍然有人掙扎著活下來。

他們以音樂、舞蹈、戲劇和藝術做為精神支柱。文化中心也因此成了攻擊目標。

正如過去猶太人被隔離在華沙猶太人特區中，他們仍然透過文學、音樂和戲劇等文化活動進行抵抗，巴勒斯坦人也是如此。雖然被圍困在加薩這座露天監獄裡，也依舊持續舉辦音樂、戲劇或是舞蹈活動。2018年8月9日，加薩的藝文活動重鎮米薩文化中心（Sa'ed al-Mishal Cultural Center）遭到轟炸，化為瓦礫。這座文化中心也是為遭受多次戰爭創傷的兒童提供遊憩的設施。250名孩童在此學習巴勒斯坦民族舞蹈狄布開（debkah），這裡也是培養巴勒斯坦人自我認同的場所。

加薩的動物園

　　也有年輕人藉由藥物，試圖暫時逃避活在封鎖下的痛苦。但藥物戒斷症狀卻會讓他們闖入藥局竊盜搶劫，或是在家中使用暴力。封鎖讓加薩的社會和家庭從內部開始走向崩壞。

　　由於污水處理設施停擺，230萬人的生活污水，包括廁所排水等所有一切都會直接排入河川，流入地中海。河川流域的地下水也遭到污染，人們喝的水有97%並不適合飲用。但是不喝水就活不下去，就算知道對健康有害，貧窮的人們也只能繼續飲用。生存所必須，維持生命所必要的水，卻不斷地從體內侵蝕加薩居民的生命。

　　請大家想像一下。230萬人的生活污水就這麼直接沒有經過任何處理便流入大海。光是在加薩的海灘游泳，都可能因感染而危及性命。實際上有人因此喪生，加薩的海灘也禁止游泳。然而，加薩每天僅供應幾小時的電力，夏天即使氣溫超過30度，也無法使用空調或電風扇。他們只能到海邊消暑。

　　後來因污染波及到以色列的領海，部分污水處理設施這才得以恢復運作。2022年，加薩部分地區已不再禁止人們游泳。

　　有些人希望讓加薩的孩子也能擁有其他國家孩子所能

享受到的歡樂，例如有人自費成立動物園，從地下隧道將動物運進加薩。因為實在弄不到斑馬，於是在驢子身上塗上斑馬紋，非常受到歡迎。

　　然而，這座動物園在2014年加薩戰爭中遭到以色列軍占領，以軍拒絕餵食動物的懇求，等到停戰趕往動物園時，園中動物幾乎皆已餓死。現在，那些動物屍體被做成木乃伊般的標本展示著。動物園成了動物標本的展覽場。

　　看著餓死動物標本的照片，確實不是什麼愉快的景象，也讓人心生疑惑，為什麼要特意這麼做。報導這件事的文章中，有一張男子正在將餓死的動物屍體製成標本的照片。在這場戰爭中有超過2,200人死亡，我們無法為那些逝去的人做任何事，但這名男子卻謹慎、溫柔地將餓死的動物做成標本，讓人覺得那些已經流逝的無數生命，彷彿也能因此獲得撫慰。

國際的無所作為

加薩是一座實驗場。

這是一場持續16年的實驗：自2007年起，將超過150萬人限制在狹窄的區域內，破壞經濟基礎，僅給予最低限度的民生所需，讓他們只能勉強維持生存，並且每隔幾年進行一次大規模屠殺，不斷破壞其社會基礎設施。面對這種情況，世界會有什麼樣的反應？

然後，我們看到了結果——世界什麼都不會做。

無論加薩的巴勒斯坦人是生是死，世界似乎都無動於衷，至多是在他們被殺害時稍稍皺眉。因此，對以色列來說最好的策略是攻擊時間盡可能縮短，避免成為國際新聞焦點。2022年5月，以色列對加薩的攻擊行動僅持續了三天，在登上國際新聞前就結束了。

反正只要停戰，攻擊就會被馬上遺忘。

自從75年前，巴勒斯坦人因以色列建國進行種族清洗而失去自己的家園以來，不管是成為難民、1967年遭到占領的領土居民，約旦河西岸或加薩，還是以色列境內，巴勒斯坦和巴勒斯坦人的歷史都是一部集體屠殺的歷史。

1982年，以色列軍隊入侵內戰中的黎巴嫩，占領貝魯特，包圍並封鎖了位於西貝魯特的巴勒斯坦難民營沙布拉（Sabra）和夏蒂拉（Shatila）。

若按照國際法規定，身為占領軍的以色列有義務保護占領區的居民。然而，以色列卻將巴勒斯坦解放組織（PLO）戰士逐出貝魯特，讓同盟的黎巴嫩右派民兵組織進入只剩下非戰鬥人員的兩座難民營。在9月16日到18日的三天內，民兵組織的成員持斧頭及砍刀屠殺難民營的居民，以軍則在夜間發射照明彈，協助大屠殺進行。超過2,000人在這場集體屠殺中喪生。

　　聯合國認定這場屠殺是「具有種族滅絕傾向的行為」──儘管還不完全構成種族滅絕罪，但其性質和嚴重程度已經非常接近。當時以色列國防部長夏隆雖為此事負責下台，但卻又在日後出任總理。

　　從此，再也無人被追究這場屠殺的責任。

語言與人性

　　我的專業領域是文學。現在我們最需要的，或許正是「文學」的語言。

　　現在到處可見將巴勒斯坦戰士化約為「哈瑪斯」，並將其描述為殘忍殺害平民、渴求鮮血的恐怖分子。以色列總理將哈瑪斯描述為「人形怪物」，國防部長則稱他們為「人形野獸」。這些將人非人化的用詞呼應了當前對巴勒斯坦人的存在與性命視而不見的無差別轟炸。與以色列何時發動地面攻擊無關，現在我們眼前所發生的，早已是種族滅絕的大屠殺。

　　在這些非人化的氾濫言詞中，為了能理解巴勒坦人也是人，我們需要文學以及文學的語言。文學可以讓人重拾人性。

　　請不要誤會。需要仰賴文學重拾人性的不是巴勒斯坦人，而是我們自己。

　　巴勒斯坦人和我們一樣都是人，這是理所當然的事實。對猶太教徒和基督教徒而言，這就是「神說：『我們要照著我們的形象、按著我們的樣式造人。』」（創世記一章26節）。穆斯林應該會說，「我們都是阿丹（亞當）的後裔。」當我們理解這個事實，我們自身才能成為人。否定他者為人，這即是人性的喪失，也是捨棄自己身為人的部分。

巴勒斯坦詩人達維希（Mahmoud Darwish）曾說：「為了寫詩，生活必須要有留白。」可能無法與詩人寫詩相提並論，但在講述文學時，也需要這樣的空白。我研究巴勒斯坦及阿拉伯文學，但現實中發生在巴勒斯坦和阿拉伯世界裡的事，卻未留下讓我講述文學所需要的空白。

　　文學是語言的藝術。

　　語言是什麼。書寫、閱讀、思考、講述，這些全都需要語言。溝通也需要語言做為媒介。

　　我在大學教書。將我和學生連結在一起的，是語言。

　　文學是人文學科之一，人文學科的英文是「humanities」。換句話說，我是透過語言在教授人性。現在我正在對今日到場的各位，以及在線上一同參與的各位說話，透過語言，向諸位的人性發出呼喊。

　　語言和人性，在此刻將我們串連在一起。

　　語言和人性，是我們的武器。在這種情況下，以「武器」這種讓人產生負面聯想的詞彙做比喻或許不太恰當，會讓人想到正是因為各種武器，此刻加薩的人們被壓在瓦礫堆下奪走生命。

　　即使如此，我們仍要說，語言和人性是我們的武器。因為這是一場戰鬥。

我們起身奮戰。為了任何人都不會被否定為人的世界。

為了讓所有誕生在地球這個小行星上的人能成為彼此無法替代的朋友、鄰人、兄弟姊妹——若按照創世紀的說法，大家都是泥土所造的亞當的孩子——我們是為了能夠如此生活，為了實現這樣的世界而戰。

讓我再說一次。人性，這正是我們的武器。

讓我們一起站在人類的這一邊吧。

歷史是什麼？我們為什麼要學習歷史？

歷史也是人文學科之一。在學校修習歷史課程，是否能和「學習」歷史畫上等號？我們真的從歷史中學到了什麼嗎？所學到的歷史，是否為今日的我們帶來什麼教訓？

當衝擊性事件或是悲劇發生時，那些流言蜚語或趁著危機故意散播的消息，究竟會帶來什麼樣的後果？例如，會造成慘烈大量虐殺的暴力出現，無論是在距今不遠的現代史中，還是百年前發生在我們自身社會的事件裡，我們都曾體驗過。

百年前的關東大地震，這樣的暴力就在災害悲劇和衝擊中出現，許多在日朝鮮人在東京及神奈川遭到虐殺。當時，媒體也在這場殺戮中扮演了推波助瀾的角色。

東京都知事小池百合子自上任第二年起，便堅持不再

向被屠殺的朝鮮受難者追悼會發送追悼文。不僅如此，即使該事件已經過研究證實，其存在卻不被承認。這不僅是否定學術，否定人文學科專業，同時也是否定人性。

2001年9月11日，美國本土遭到一連串的恐怖攻擊，被激起復仇之心的美國決定先發發制人，對阿富汗展開攻擊。直到2021年美國撤兵為止，在這20年間，超過47,000名阿富汗平民在境內死於戰火的直接攻擊。

美國的復仇欲望並未因為進攻阿富汗獲得滿足。在出兵阿富汗兩年後，2003年，美國以其實並不存在的大規模殺傷性武器為由發動伊拉克戰爭。這對伊拉克造成什麼樣的結果？在長期內戰與破壞下，超過百萬名伊拉克人淪為難民。根據英國非政府組織「伊拉克死亡統計」（Iraq Body Count）的調查，2000年至2019年為止，伊拉克的死亡人數高達18至21萬人。

在這次伊拉克戰爭中，日本提供了後勤支援，此舉完全違反日本憲法前言所宣示的原則，並且為伊拉克人帶來了苦難。

我們對這場戰爭有責任。但我們是否將此事牢記於心？

此外，美軍還在毫無證據的情況下，將眾多阿富汗、巴基斯坦以及伊拉克穆斯林列為恐怖分子嫌疑人，將他們

送往設在古巴的關塔那摩灣（Guantánamo Bay）監獄進行拷問，長期關押。這嚴重侵害了人權，違反國際法。正是身為超級大國的美國，實行了超越法律的暴力。

當一個擁有強大軍事力量的國家受復仇驅使發動軍事攻擊時，將會引發何等的暴力、造成什麼樣的慘劇，光是21世紀這20年間的歷史已經告訴了我們結果。

不可稱之為「仇恨的連鎖」

對於那些才發生不久的歷史的批判性認識，究竟有多少反映在這次企業媒體報導上？其中又展現出多少對媒體在百年前成為集體虐殺朝鮮人共犯一事的反省？在我看來，媒體報導反而是在積極地將哈瑪斯惡魔化、非人化，並將以色列這次的攻擊，正當化為對加薩的報復。

戰後，媒體對於他們在80年前附和大本營戰報*的宣傳，為戰爭推波助瀾所做的反省，難道只不過是順應當時民主化潮流的表面工夫？但若是從「順應潮流」角度來看，企業媒體的報導或許可說從未發生過變化。

*
譯注：二戰期間日本在太平洋戰場失利，官方戰報因此選擇性報導並誇大戰果，知名的例子是1942年的中途島海戰，為掩蓋日本海軍損失，稱擊沉美軍多艘航母。

而媒體對於2023年10月7日及其後發生事件的報導，為美籍巴勒斯坦裔文學理論家薩依德所提出的批判「遮蔽的伊斯蘭」提供了最新的例證。這些關於中東等伊斯蘭世界事件的報導，實際上正在積極地掩藏事實。

現在在加薩以及1948年來被稱為以色列的土地上所發生的事件，並非因為10月7日哈瑪斯主導下加薩戰士們發動奇襲後才突然爆發。這一切的起源要追溯到更早以前。

然而，主流媒體的報導卻將這片土地上發生的事從「為什麼這些事會在現在發生」、「背後有什麼歷史背景」的歷史脈絡中分離，將其描述為恐怖組織「哈瑪斯」因憎恨猶太人進行恐怖攻擊，受到恐怖襲擊的以色列行使自衛

權，以殲滅恐怖組織為目標展開報復性還擊。這種描述方式將焦點聚集在非常有限的一小部分上，並將一切概括成「暴力的連鎖」、「仇恨的連鎖」。

2000年9月，第二次巴勒斯坦大起義發生，不僅是哈瑪斯，組成巴勒斯坦自治政府的法塔赫也入侵以色列境內，斷然地實行自爆炸彈攻擊等軍事行動。當時媒體也將「暴力的連鎖」、「恐攻與報復的連鎖」、「仇恨的連鎖」等詞語當成是提及巴勒斯坦、以色列時的特定修飾語。

用這些詞語報導巴勒斯坦的媒體及記者，我認為可以分成兩種：他們或者不清楚藏在問題深處，導致今日局面的原因及其歷史背景，也未對此進行調查。因為其他媒體同樣如此描述，而只要用上這些詞彙，就好像觸及到問題的本質。或者他們其實清楚那些背景，但卻意圖掩藏。

巴勒斯坦和以色列之間所發生的，既非「暴力的連鎖」，亦非「仇恨的連鎖」。我們可以把是否使用這些詞語當作試金石，判斷該媒體是不是值得信賴，該人物能否信任。

第二次巴勒斯坦大起義最劇烈的時期，哈佛大學資深研究員、研究加薩政治經濟的世界級權威薩拉‧羅伊，寫下散文〈與納粹大屠殺共存——大屠殺倖存者之子的旅

程〉（Living with the Holocaust: The Journey of a Child of Holocaust Survivors）。

羅伊是猶太裔美國人，她的父母都是波蘭猶太人，二戰納粹大屠殺下的生還者。母親來自奧斯威辛集中營（Auschwitz），父親則是海烏姆諾（Chełmno）這所僅有兩人存活的滅絕營的生還者，據說他的名字被刻在集中營遺跡入口的銘牌上。

羅伊在這篇文章中，寫下巴勒斯坦進行自爆行動的理由。雖然篇幅有點長，但請容我引用如下：

　　以色列對巴勒斯坦人的占領，是雙方之間問題的癥結，在這一點獲得解決之前皆是如此。

　　過去35年來，占領意謂著驅逐和離散。在軍事控制系統下，家庭被迫分離，人權、公民權、法律、政治以及經濟上的權利遭到否定。數以千計的人遭受酷刑，數萬畝的土地被強行徵收，超過7,000處巴勒斯坦人的家園遭到破壞。以色列在巴勒斯坦人的土地上建立非法屯墾區*，在過去十年間屯墾者人口更是翻了一倍。占領者先是削弱巴勒斯坦人的經濟，繼而徹底摧毀之。他們實施封鎖、出行限制、地理上的分割、

*
編注：以色列屯墾區也稱為猶太人屯墾區，通常指以色列通過1967年六日戰爭奪取的土地上建立的猶太人社區，主要位於約旦河西岸地區。

孤立居民，以及集體性懲罰。

　　以色列對巴勒斯坦人的占領在道德上並不等同於納粹對猶太人的種族滅絕。它們也沒有必要是相同的。這確實並非種族滅絕，卻也是壓迫且殘酷的，如今更令人驚恐地變得再自然不過。占領是一個民族對另一個民族的支配與剝奪，是對其財產的毀損，是對其靈魂的破壞。占領的核心目標是要藉由否定巴勒斯坦人有權決定自身的存在，有權在自己家中過日常生活，從而否定他們亦身為人類。占領是屈辱。是絕望。正如納粹大屠殺和占領在道德上既不相等也不對稱，無論身為猶太人的我們如何自認為是受害者，占領者和被占領者之間，在道德上也不相等或對稱。

　　而恐怖又令人厭惡的自殺炸彈行動，正是在如今幾乎已被人們遺忘的剝奪和窒息脈絡下產生，奪走了更加無辜者的生命。為什麼無辜的以色列人──其中也包括我的阿姨和她的孫兒們──必須為占領付出代價？屯墾區、被摧毀的家園、封鎖的邊境牆都比自爆者還要早出現；正如它們並非早已存在的事物，自爆者也不是一開始就存在。

（薩拉・羅伊，〈與納粹大屠殺共存──大屠殺倖存

者之子的旅程〉，岡真理譯，刊載於《MISUZU》2005年3月號）

這篇文章寫在距今20年多年前，加薩邊境尚未遭到封鎖之際。

當時還沒有推特和Instagram。每天早晨打開電腦，點進電子郵件收件匣，我便會收到來自正處於第二次大起義中巴勒斯坦人們的郵件，那些郵件猶如悲鳴般傳來。

占領下的巴勒斯坦，每天都有人在某處被殺，每個人都有家族、朋友、認識的人或鄰居遭到殺害。然而當我在20年後的今天回顧當時，竟覺得那時局面還稱得上平穩。在長達四年半的第二次大起義期間，巴勒斯坦約有3,000人死亡。

巴勒斯坦的情況總是在不斷地變糟。無論是加薩還是西岸地區，目前的局勢與20年前相比已呈現指數級惡化。相較之下，以色列軍隊的鎮壓在當時已經算是好一些了。然而，在當時真的已經是前所未有的最糟情況。

那時羅伊斷言，以色列對巴勒斯坦的所作所為——無論猶太人如何將自己視為受害者——在否定他者身為人類這一點上，和納粹對待猶太人的行為並無二致。那麼，巴勒斯坦人令人恐懼和厭惡的自殺炸彈攻擊又是從何而生？

她說，「自爆者也不是一開始就存在的」（請注意，羅伊在文章中並沒有使用「自殺恐怖攻擊」，而是「自殺炸彈行動」〔suicide bombings〕）。

換句話說，是有什麼原因導致自爆者出現。那麼，那個原因是什麼呢？那是名為占領的剝奪和窒息狀態。羅伊表示，正是占領這個否定他者人性的暴力，才是一切事件的根源。反過來說，若不直面占領這個暴力問題，我們就無法正確理解當前發生的暴力，而無法正確地理解，也就無法真正的解決。

以「暴力的連鎖」或「仇恨的連鎖」來敘述在巴勒斯坦、以色列所發生的事，簡而言之，是錯誤的，是對事實的扭曲與掩蓋。

約旦河西岸的現況

自從 1967 年遭到以色列軍事占領以來，儘管聯合國安全理事會已通過決議並要求撤退，加薩和西岸地區至今仍在以色列占領下。只要再過 4 年，以色列違反安理會決議的占領就將進入 60 年。

請大家想像一下。

目前 60 歲以下的人，他們從出生，或是還懵懂無知的年紀起就生活在以色列的軍事占領中，被以色列士兵的槍口指著，身為人類的自由、平等和權利全部遭到剝奪，一直活到現在。這和 1990 年 8 月遭到伊拉克入侵，並在 7 個月後脫離占領狀態的科威特是多麼地不同。*

不僅如此，前面也曾提到，自 2007 年起遭到違反國際法的完全封鎖，經濟基礎已被破壞的加薩處在圍困中已超過 16 年，六成以上的居民無法填飽肚子，八成的家庭需要依靠聯合國等救援組織的配給才能勉強維生。

加薩的人道危機並非在 10 月 7 日哈瑪斯的奇襲攻擊後才突然降臨。在這更早之前，以色列便出於政治性意圖，也就是企圖讓加薩的巴勒斯坦人每日掙扎著生存，不再有餘力提出「從占領中解放」、「擁有主權的巴勒斯坦是獨立國家」等政治主張，而讓加薩居民陷於人為製造的人道危機狀態中。

*
譯注：指伊拉克入侵科威特後，以美國為首的多國部隊對科威特和伊拉克境內的伊拉克軍隊發動軍事行動，最終迫使海珊於次年二月宣布結束占領。這場戰爭稱為波斯灣戰爭，美國出兵被認為是正義之師。

2012年，聯合國發出警告，若加薩持續遭到封鎖，到了2020年將不宜人居。但國際始終未對此事有過任何關注。

　　而在約旦河西岸，違反國際法的屯墾區持續擴張，以色列軍隊和屯墾者的暴力行為也愈來愈司空見慣。光是2023年上半年，屯墾區居民對巴勒斯坦人施暴的事件就有600起，平均每月發生一百起。根據英國《衛報》（The Guardian）同年10月20日報導，1月1日至9月19日間，西岸共有189名巴勒斯坦人死於屯墾區居民和士兵之手。此外，自10月7日至今（10月23日），共有64人喪命，77所醫療設施遭到襲擊。

　　以色列人權團體貝塞琳（B'Tselem）將猶太人屯墾者的暴力行為稱為「國家支援暴力」（State Sponsored Violence），在網站上公開他們施暴的影片。集體向巴勒斯坦人住宅投擲石塊、敲破巴勒斯坦人停放車輛的車窗、在巴勒斯坦人的農地甚至是巴勒斯坦人住家縱火，屯墾者們在部隊保護之下做出這些肆無忌憚的暴力行為。然而巴勒斯坦人只要表露出些許抗議意圖，就會被當場逮捕，遭到無期限拘留。

　　如今這種情況下，和以色列總理納坦雅胡一同組閣的極右派政黨領導人、現任以色列國家安全部長本－格維爾，表明將再提供西岸的屯墾區居民一萬把步槍。

2003年美軍及其盟友出兵伊拉克時，伊拉克成為國際關注焦點。以色列抓緊機會，占領區中遭到以軍殺害的巴勒斯坦人大幅增加。相同的狀況，如今正在西岸上演。趁著國際注意力集中在加薩走廊，西岸武裝屯墾者和以色列部隊對巴勒斯坦人的襲擊，正在升級。

　　換句話說，即使只將範圍限定在西岸和加薩，存在於問題背後的依然是以色列長達近60年的占領，以及對巴勒斯坦人過度的占領暴力。然而，這個事實在經由主流媒體報導而流傳到街頭巷尾的言論中幾乎可說是付之闕如。10月7日以及之後所有的事件都被歸諸於「哈瑪斯所發動的恐怖攻擊」，不再追究事件根源問題。

10月7日攻擊的意義

　　10月7日，加薩的巴勒斯坦戰士在哈瑪斯率領下，突破違反國際法規定圍困他們16年以上的隔離牆，利用滑翔翼和輕型快艇展開越境攻擊。這是身處占領狀態的人們抵抗占領者和占領軍的反擊。

　　日本媒體幾乎沒有報導的是，他們首先占領了加薩周邊12處軍事基地，俘虜基地中的以色列士兵；不過由於其後和以軍交戰，基地中的戰鬥人員應已全部遭到殺害。但日本媒體對此隻字未提，將報導聚焦在他們襲擊吉布茲（集體農場）和野外音樂節並殺害這些地方的平民上。

　　被占領的一方為了從占領狀態中解放，動用武力抵抗占領軍，屬於國際法上抵抗權的正當行使。但在行使抵抗權時，也有必須遵守的規範。蓄意攻擊平民、以平民為人質，都是違反國際人道法的戰爭罪。即便為了擺脫占領狀態的武裝抵抗屬於正當行為，也不代表容許戰爭罪發生，應按國際法規定進行審判。話雖如此，巴勒斯坦人為了脫離以色列的軍事占領而戰，這件事本身不應被視為違法。

　　我認為，不能因為採取的戰術錯誤，就全盤否定他們為求解放所進行的抗爭以及訴求。正確的目的無法正當化所有手段；相反地，錯誤的手段，也無法全面否定掉原本正確的目的。

　　10月10日，美籍巴勒斯坦裔、哥倫比亞大學歷史教

授拉什德‧哈利迪（Rashid Khalidi）舉辦線上講座。在講座中，哈利迪教授首先以歷史學者的角度，舉阿爾及利亞、愛爾蘭和越南為例，指出在過去各式各樣的民族解放鬥爭中，為解放而奮鬥的一方也會採取恐怖攻擊的歷史事實。

為了脫離法國殖民統治，阿爾及利亞的民族解放陣線（FLN）曾集體殘殺殖民者；正如電影《阿爾及爾之戰》（La battaglia di Algeri）＊所描述，他們也曾在阿爾及爾的咖啡館發動炸彈恐怖襲擊。然而法國對阿爾及利亞的殖民統治並不可能因此正當化，阿爾及利亞人為追求獨立而戰也不會因此變成錯誤。即便哈瑪斯率領的奇襲中發生了蓄意攻擊和綁架平民的戰爭罪，也無法讓以色列持續非法軍事占領，以及為此無差別轟炸占領地區人民的行為正當化。

＊編注：一部1966年的戰爭電影，描述民族解放陣線在阿爾及利亞戰爭（1954～1962年）期間對法國殖民政府進行的反抗，其中以與電影同名的阿爾及爾戰役為主軸。

對於這次奇襲，日本的報導幾乎不提巴勒斯坦戰士曾短暫攻占加薩周邊的色列軍事基地、俘虜基地士兵一事，僅強調他們攻擊並綁架平民至加薩，抹去「哈瑪斯是以巴勒斯坦人脫離非法占領為目標的民族解放運動組織」這項事實，將其扭曲為單純的恐怖組織。而以色列也將哈瑪斯比擬為ISIS，藉此讓哈瑪斯的突襲顯得毫無正當性，並將自身攻擊粉飾成對恐怖主義的自衛還擊。這全都是為了掩蓋問題的根源。

逐漸明朗的事實

　　由美國猶太裔記者創立、關注以巴局勢的新聞網站「Mondoweiss」，今日（10月23日）登上頭條的是一則分析這次攻擊中以色列的犧牲者到底是誰，被什麼人以何種方式殺害的文章＊。

　　該文標題「愈來愈多的報告表明，以色列軍隊應對10月7日襲擊事件後以色列平民和軍人的死亡負責」（A growing number of reports indicate Israeli forces responsible for Israeli civilian and military deaths following October 7 attack），據其內容，以色列雖然宣稱「哈瑪斯殺害平民」，卻有大量情報顯示事實並非如此。

　　執筆人為「匿名投稿者」。編輯部在文章開頭附上說明，「由於以色列內部對批評言論的法西斯主義式迫害愈加劇烈，撰文者考量自身安危，請求編輯部匿名刊載」，顯示作者為以色列內部人士，害怕因批判以色列政府及軍方而遭受迫害，選擇匿名。

　　細節部分希望大家能撥空親自一覽該文，但簡要而言，即「以色列軍指揮官親自下令轟炸被哈瑪斯占領的以色列基地；基地被占領後，遭巴勒斯坦武裝分子俘虜的以色列士兵或是前往交戰基地的以色列軍隊、治安維持部隊，可能亦遭到以軍空襲轟炸」。換句話說，以軍為殲滅軍事基地的巴勒斯坦戰士所發動的空襲，可能也同時奪走

了以色列士兵的性命。而在幾天前，以色列國營廣播節目採訪了在集體農場遭到俘虜後獲釋的猶太女性，並播出她的證詞（請參照P78）。她表示，自己被挾持為人質後受到巴勒斯坦武裝分子人道對待，經常獲得飲水，若屋內炎熱，也會獲准到外面透氣。

這位女性證實，和她一同被挾持為人質的，除了她以外僅有一人存活，而殺害他們的卻是後來抵達的以色列安全部隊。正在外面透氣的以色列人質和巴勒斯坦武裝分子們一同被安全部隊射殺。她則被一名決定投降的巴勒斯坦戰士當成人肉盾牌，走出房子。然而，以色列安全部隊隨後向還有其他人質的房子發射炮彈，將一切炸成碎片。

並非沒有民眾死於巴勒斯坦的攻擊下（經美聯社查核，已確認三起平民死亡事件肇因於此），但有情報顯示，實際情況恐怕與以色列軍方或說是以國政府所公布的內容大有出入。

在這次奇襲中，確實有數起違反了國際人道法，構成戰爭罪的行動。我想向大家介紹一段作家格桑·卡納法尼（Ghassan Kanafani）的文字。1936年出生於巴勒斯坦阿卡（Acre）的卡納法尼，12歲時因以色列建國而淪為難民，後來成為記者、作家，1972年遭以色列情報機構炸彈暗殺，享年36歲。

卡納法尼在遺作中篇小說《重返海法》（*Return to Haifa*）中如此寫著：

要到什麼時候，你們才會停止將他者的弱小與過錯視為己身特權的背書？（……）難道你們認為，我們會這樣一直錯下去？有朝一日，當我們不再犯錯，你們還剩下什麼？

岡真理譯，《季刊 前夜》12 號

以色列方面緊抓著巴勒斯坦人的過錯，以此為藉口，正當化自身的罪行。

我們確實犯了錯。我們承認。那麼，當我們糾正錯誤之後，你們還剩下什麼？——這是卡納法尼向以色列拋出的質問。他的質問，宛如是對今日局面的預言。

* https://mondoweiss.net/2023/10/a-growing-number-of-reports-indicate-israeli-forces-responsible-for-israelicivilian-and-military-deaths-following-october-7-attack/

我們應該問的是「以色列是什麼」

10月7日以來，「哈瑪斯是什麼」這個問題多次出現，電視等媒體也就此展開熱烈討論。但我認為，這是問錯了問題。錯誤的問題無法導出正確的答案。

正如方才提到的作家卡納法尼，他所隸屬的解放巴勒斯坦人民陣線（PFLP）從事奉行馬列主義的民族解放運動；哈瑪斯則是主張伊斯蘭主義，謀求從占領狀態中解放民族的運動組織。為什麼哈瑪斯要求解放？因為以色列的軍事占領。以色列的行為屬於國際法上的占領，這是客觀事實。在之前也曾提過，被占領者對占領狀態的反抗，包括武裝抗爭在內，皆屬於國際法抵抗權的正當行使。而主流媒體卻未曾好好地說明此一事實，因為哈瑪斯進行武力抗爭，便將其描述為「恐怖組織」。

與其問「哈瑪斯是什麼」，我們更應該問的是「以色列是什麼」。以色列是什麼，是以何種方式建國，這才是造成以巴問題的根本原因。

以色列以自身是猶太人，是納粹大屠殺受害者來正當化向巴勒斯坦行使的一切暴力，並宣稱所有對以色列的批判都是「反猶太主義」。日本主流媒體的報導，似乎也將以色列和猶太人畫上了等號。

10月18日，美國有500名正統派猶太裔市民占領了美國國會大廈，對加薩正在發生的種族滅絕發出抗議之

聲。據稱這場活動有300人遭到逮捕。

　　美國每年都會撥出高額軍事預算，給予以色列軍事支援，這次也決定額外提供以色列武器。另一方面，美國總統拜登亦請求國會通過用於加薩重建以及人道救援的預算。這完全是一種製造問題又解決問題的行為。

　　就在這樣的美國，占領國會大廈的猶太示威者要求以色列「別以我們之名，去做你們正在犯下的罪行」、「不要拿自己近親、家族和所愛之人遭到殺害的大屠殺記憶，來正當化對巴勒斯坦人的殺戮。這是對大屠殺死者的冒瀆」，對以色列表達抗議。

　　一名參加這場示威活動的猶太婦女表示：

　　　今天，是猶太教的教誨把我們帶來這裡。我們來到這裡，不僅是因為聖經上說，所有人類都是按照神的形象所造，也是因為以色列政府現在的言論，將帶來種族滅絕……因為我們是猶太人，所以我們很清楚。所以我們必須從悲痛中發出呼喊。我們必須高聲呼喊。因為我們再清楚不過。揚言要轟炸所有居民，同時又稱那不過是披著人皮的動物，這種言論最後會帶來什麼樣的後果*。

大眾媒體報導的，是以色列集體農場中滿懷報復哈瑪斯欲望的猶太人之聲。然而，現在世界上有許多猶太人發出了完全相反的聲音。身為猶太人，意謂著依循猶太教義，將其視為自身生活準則。以色列卻踐踏了猶太教的教義，藉猶太人之名，利用納粹大屠殺的記憶，實行等同於大屠殺的種族滅絕。希望大家能知道，對於以色列的行為，也有許多猶太人因其身為猶太人、身為美國人、身為人的傷痛及痛苦而表達出不同的意見。

* https://www.palestinechronicle.com/ceasefire-now-pro-palestine-protesters-stage-large-sit-in-us-capitol-videos/

錫安主義和巴勒斯分割方案

　　薩拉・羅伊曾在前面引用的散文中表示,「在巴勒斯坦發生的非種族滅絕。」

　　確實,若從過去巴勒斯坦各事件的死亡人數來看,其規模尚未到達種族滅絕的程度。但另一方面,以色列出身的猶太人歷史學家伊蘭・帕佩,則稱以色列在巴勒斯坦的種族清洗暴力為「漸進式種族滅絕」(incremental genocide)。換句話說,這是一場自1948年納克巴持續至今,緩緩展開的種族滅絕(雖然近年來其規模以驚人的速度攀升中)。

　　1948年,隨著以色列建國,原本居住於那裡的巴勒斯坦人失去了祖國。這是因為來自歐洲的猶太人創建了一個由猶太人所建立、為猶太人而建立,一言以蔽之,就是「猶太人至上主義的國家」。

　　19世紀末的歐洲,法國發生了德雷福斯事件。該事件成為契機,催生出一種想法:除非猶太人建立以猶太人為主體的國家,否則難以擺脫可說是歐洲基督教社會歷史沉痾的猶太人歧視和反猶太主義。於是,在巴勒斯坦建立猶太人國家的政治運動「錫安主義」登上舞台。

　　第二次世界大戰後的歐洲,有25萬名猶太人成為難民。他們雖然在大屠殺中倖免於難並且脫離納粹統治,卻

無家可歸、無處可去。如何安置這些猶太難民，成為盟軍以及當時甫成立的聯合國所面臨的一項重大挑戰。「國際社會」是如何解決這個問題的呢？

此時，計畫在巴勒斯坦建立猶太國家的錫安主義運動已經存在，自19世紀末起便開始有猶太人移居巴勒斯坦。換句話說，順應這一趨勢，聯合國大會於1947年11月通過決議，將巴勒斯坦一分為二，並在其中建立猶太國家。

在這項分割案提交聯合國大會之前，特別委員會詳細審查後指出，該方案在法律上屬於違法，違反了聯合國憲章。他們認為，分割後的阿拉伯國家在經濟上無法持續。最重要的是，大屠殺是發生在歐洲的歐洲罪行。透過在巴勒斯坦建立歐洲猶太人的國家來讓巴勒斯坦人為這一犯罪付出代價，在政治上是不公正的。特別委員會斷言，即使分割方案獲得通過，也不可能順利運作，而且「不切實際」。

美國國務院最初也抱持反對態度，表示無法贊成一個明顯會使該地區居民陷入不幸的提案。然而，由於杜魯門總統的干預，特別委員會通過此案，並送交聯合國大會。最終，在美蘇的多數派運作下，以多數贊成票獲得通過。

但在這個分割案中，猶太國家將有四成人口是阿拉伯人。以色列第一任總理班古里昂曾說，即使猶太國家建國成功，在猶太人僅占人口六成的狀況下，也難以成為一個

穩定且強大的猶太國家。換言之，要盡可能地將阿拉伯人排除在猶太國家的領土之外。

結果，從這個分割案通過後直到次年5月以色列宣布建國，一直到1949年冬天，長達一年多的時間裡，猶太民兵組織以及以色列建國後的以色列軍隊在巴勒斯坦各地掀起了對巴勒斯坦人種族清洗的狂潮。在日後成為以色列領土的巴勒斯坦各地，發生了多起集體屠殺事件。

在以色列建國前一個月的4月9日，耶路撒冷郊外一個名為代爾亞辛的阿拉伯村莊中，不分男女老幼，有一百多人遭到集體屠殺。

由於主謀者宣稱屠殺人數超過二百人，在很長一段時間裡，代爾亞辛事件被認為是納克巴的代表，但日後研究發現，這段期間還有其他規模更大的屠殺發生。這場屠殺目的在於殺雞儆猴。它是在告訴巴勒斯坦人，如果留在巴勒斯坦，這就是你們的下場。

留下就會被殺害、女兒會被強暴。在恐懼的驅使下，巴勒斯坦人逃出家園。

先前提到過的帕佩教授表示，「1948年，巴勒斯坦人在巴勒斯坦這塊土地上的遭遇，無論從哪種定義上來看，都只能稱為種族清洗。」

以色列是建立在以此等暴力對巴勒斯坦人實施種族清洗上的國家。這是《辛德勒名單》等描述大屠殺的好萊塢電影裡不會提到的歷史事實。

　　為什麼要進行種族清洗？這是為了建立一個「由猶太人為猶太人所建立的猶太國家」。

　　在「納克巴」發生這一年通過的《世界人權宣言》中明文闡述，人人「有權返回他的國家」。此外，在宣言通過次日，聯合國大會也通過決議：成為難民的巴勒斯坦人有立即返回的權利，以色列應歸還其留在故鄉的財產，若無法歸還則應予補償。然而，由於以色列不承認巴勒斯坦難民的回歸，經過漫長的75年，這項決議仍未實現。

　　在此需要強調的是，錫安主義者所宣稱的「猶太國家」以色列，是建立在以歐洲種族主義為基礎，對阿拉伯人以及穆斯林的帝國主義侵略與暴力種族清洗上。而這種種族清洗的暴力，如帕佩教授稱之為「漸進式種族滅絕」所描述的，至今仍以不同的形式持續存在。

　　納粹大屠殺是歐洲基督教社會歷史上猶太人歧視和近代反猶太主義的高峰，西方社會以犧牲巴勒斯坦人為代價來彌補那些罪行。而今天，無論美國還是歐盟四國也依然支持以色列發動攻擊，美國甚至還提供了支援。西方各國直到現在依舊不斷行使著其歷史上的暴力。

以色列的種族隔離

此外，還有一項非常重要的事實：以色列其實是一個種族隔離國家。處理巴勒斯坦問題的人權團體和聯合國專家也經常再三強調這一點。

國際特赦組織明確表示，以色列正在實行對巴勒斯坦人的種族隔離，並發布共有280頁的報告書，題為《以色列針對巴勒斯坦人的種族隔離制度：殘酷的統治制度以及危害人類罪》（*Israel's Apartheid against Palestinians: Cruel System of Domination and Crime against Humanity*）＊1。

為迫使南非共和國廢除種族隔離政策，國際曾長期抵制對南非投資與貿易。直到種族隔離政策廢除之前，南非的運動員甚至無法參加奧運等國際賽事。

2012年，在非洲民族議會（ANC）＊為聲援對抗以色列的BDS運動（即「抵制、撤資和制裁」）而舉辦的國際團結會議上，德國代表提出了反對意見，認為「不能將以色列比作種族隔離時期的南非」。對此，南非政治家、ANC全國執委會主席姆碧提（Baleka Mbete）立即反駁說，「我曾去過巴勒斯坦，以色列在那裡所做的不僅不能與南非的種族隔離政策相比，甚至比那還要糟得多（far worse）＊2。」

國際人權組織人權觀察（HRW）也在其所發布的報告書《被跨越的門檻：以色列當局和種族隔離與迫害罪行》

＊
譯注：南非政治史上重要的政黨組織，20世紀初為爭取黑人權利而創立，過去曾在曼德拉領導下帶領南非終結種族隔離政策，也是今日南非的執政黨。

（*A Threshold Crossed：Israeli Authorities and the Crimes of Apartheid and Persecution*）中指出，「對照『種族隔離』一詞定義，以色列毫無疑問是個種族隔離國家」，並呼籲以色列停止猶太人至上主義*3。

換句話說，如同過去ANC對抗南非種族隔離政策那樣（當時ANC被列為「恐怖組織」，曼德拉也被視為「恐怖分子」），哈瑪斯、解放巴勒斯坦人民陣線（PFLP）等加薩地區組織，以及遭到占領的巴勒斯坦人，正在與實施種族隔離制度的以色列對抗。

關於以色列諸多侵害人權的實際狀況，國際特赦組織、人權觀察、先前提到的以色列人權團體貝塞琳，以及巴勒斯坦當地人權團體等組織日復一日地進行調查，並向全世界公開。另一方面，以色列政府卻將6個巴勒斯坦人權團體認定為恐怖組織。這意謂著，任何揭發以色列侵害人權罪行的人，都被以色列政府視為恐怖分子。這樣大家應該就能理解，以色列當局所謂的「恐怖分子」究竟是怎麼一回事。

1 https://www.amnesty.org/en/documents/mde15/5141/2022/en/
2 https://electronicintifada.net/blogs/ali-abunimah/israel-far-worse-apartheid-south-africa-says-anc-chair-pretoria-conference-backs
3 https://www.hrw.org/report/2021/04/27/threshold-crossed/israeli-authorities-and-crimes-apartheid-and-persecution

這是政治問題，而非人道問題

　　另一個想要在此強調的重點是，巴勒斯坦問題的根源：以色列軍事占領、封鎖、種族隔離，以及遭到驅逐無法回歸的難民——這些全都是「政治問題」。

　　就像被殖民國家的獨立，是必須透過政治手段解決的政治問題，巴勒斯坦問題同樣也是政治問題。但以色列卻在加薩人為製造出大規模的人道危機，將原本應該是政治問題的巴勒斯坦置換成「人道問題」。

　　加薩常被比喻為「世界上沒有屋頂的最大露天監獄」，但如今的局面早已不能用監獄來形容。有哪座監獄可以無差別地殺害囚犯？至少在10月7日以後，稱加薩為「世界最大露天監獄」是完全錯誤；監獄裡不會發生這些事。這已堪比滅絕營。

　　要解決這些問題，需要的是政治手段。

　　然而在目前的狀況下，當務之急是提供人道救援。一如既往，這次日本也立即表明將提供15億日圓的人道援助。但如果不尋求政治解決之道，即便在遭到破壞時提供重建或是人道援助，加薩仍會在下次攻擊中遭到破壞。我們的稅金始終消耗在這樣的循環中，我們也應該對此感到憤怒。就算提供了十幾億日圓援助，只要攻擊還會發生，一切都將再次化作斷垣殘壁。

當然，為了度過當下危機，這些人道救援都是不可欠缺的。然而不去處理封鎖以及占領等政治問題，只能提供巴勒斯坦人在非法占領或封鎖狀態下勉強得以存活的人道援助，這種做法等於是成為封鎖以及占領的共犯。因此必須尋求政治解決方案。

　　面對實施種族隔離政策的南非，國際決定不再與白人至上主義、種族歧視的南非白人政權進行貿易。但當國際為了廢除種族隔離政策而抵制南非市場時，日本卻將這當成是沒有競爭對手的好機會，將產品大量銷往南非。

　　翻開諾貝爾文學獎得主、南非作家柯慈（John Maxwell Coetzee）的小說，可以看到描述書中人物搭乘「TOYOTA」的段落，並特意明白地寫出那是日本車。這難道不是讓人感到十分羞愧的事嗎？

　　2014年，當時的首相安倍晉三與來日訪問的以色列總理尼坦雅胡發表聯合聲明，日本與以色列將「建立全面性夥伴關係」。這也是件讓人羞愧的事。

　　但另一方面，在日本，也有許多人參與反種族隔離運動，並且持續不懈活動了將近30年（「非洲行動委員會」的楠原彰先生曾撰寫〈反種族隔離運動經驗之回顧〉，彙整了實際參與人士和具體活動內容＊）。

奧斯威辛集中營的倖存者、義大利猶太裔化學家及作家普利摩‧李維（Primo Levi），終生都在向歐洲的年輕人講述滅絕集中營與大屠殺的真實情況，寫作不輟。

有一次，一名德國人聽了李維的演講，在演講結束後走到他面前，對他說：「我以身為德國人為恥。」對此，李維是如何回答的呢？

「我以身為人類為恥。」

這就是李維的回答。

最後，希望能向大家分享曼德拉的一句話，做為今日這場演講的結尾。他說：「我們深知，只要巴勒斯坦人尚未獲得解放，我們的自由也不算完整。」

南非每個人都聽過前總統曼德拉的這句話。

儘管在廢除種族隔離制度之後，南非在經濟上仍存在著結構性不平等，但是在政治上，已經實現了一人一票的平等。然而，只要巴勒斯坦人還沒有獲得解放——也就是說，只要巴勒斯坦人仍身處於種族主義和殖民地主義所造成的種族歧視隔離制度壓迫下，南非的自由與解放之戰就還沒有結束。

非常感謝大家的聆聽。

* https://ajf.gr.jp/africanow102-anti-apartheid-movements/

問答時間

問題：對加薩還有巴勒斯坦，有什麼事是我們現在能做的
　　　嗎？

　　我認為，我們現在能做的事情有很多。

　　所謂「能做的事」，我想可以分成兩種：一是能有效
地改變加薩以及巴勒斯坦處境的事；二是在必須做的事情
中，我們力所能及之事。

　　然而，比起能做些什麼，我們現在更該思考什麼是
「必須做的」。

　　必須做的事其實有很多。真的非常多。

　　首先，無論如何要先讓這場戰爭停火。我們必須盡最
大努力讓以色列停止攻擊。我們必須為此發聲。

　　去美國大使館前抗議。去以色列大使館前抗議。告訴
美國和以色列，他們的所作所為令人無法接受。這非常重
要。

　　上週，以色列大使館前聚集了650名民眾，美國大使
館前則有350人。如果接下來每天前往抗議的人數不斷地
增加，我相信他們終將無法忽視這些聲音。

　　對日本政府及外務省也是如此。每個擁有選舉權的民
眾，對於日本政府的行為也肩負著國民應負的責任。剛才
演說中提到日本在聯合國大會上，對制裁以色列戰爭罪的
調查報告書決議投票中棄權。這實在令人羞愧。我們必須

防止這種事情再次發生。

正如巴勒斯坦人權中心代表蘇拉尼所說的，「讓國際法的規範也能落實在加薩。」為了實現這一目標，人道救援雖然不可或缺，但絕不能僅止於此。正因為過去止步於此，發生在巴勒斯坦的歷史錯誤始終未曾變化，人道危機也從未解除。

為了從根本上解決這個問題，我們必須發聲，要求政府從政治層面著手解決。例如當日本和以色列簽署諸如「建立全面性夥伴關係」的共同聲明時，便可就此提出抗議，要求撤回。

對於漠視政治性解決途徑，放任這種不公正現象存在，僅止於提供重建援助，卻讓援助成果在下次攻擊中再次化為瓦礫，如此反覆不斷造成稅金虛擲，我們應該追究其責任。

其他還有很多，但最基本的還是能有正確的認識。首先是真正的去了解，然後傳達給身邊的人。無論用什麼方式。

網路上也能找到理性且平衡的報導，只是這種報導實在不能稱為中立。我認為以如今局面還要談這種「中立」，無疑是站在屠殺者的那一方。

英文媒體中可以找到非常多應該讓大家知道的消息。

2014年加薩戰爭爆發的時候，我每天都會挑出這些報導翻成日文，透過電子郵件以群組方式傳播。只放上報導連結在日本是行不通的，必須翻譯並附上要點解析，否則人們無法理解。因為希望能讓大家看到更多的報導，我總是選擇2、3篇簡短的文章翻譯。

現在也有許多非常重要的消息，多到讓人幾乎來不及跟上。比如前面提過的國際特赦組織報告等，請大家務必找機會閱讀各組織團體所發布的調查結果。

總之，重點還是「以色列是什麼」。

以色列投入龐大的國家預算，對全世界的市民社會進行政治宣傳，也就是公共外交（Public Diplomacy）。儘管外交一般多在外交官之間、國與國之間，或是政府層級進行，但以色列為了增進國家利益，將全世界的民眾當成目標，大量投放包括不實訊息在內的宣傳；甚至為此設置特別機構，投入國家預算。

美國國務卿布林肯（Antony Blinken）於2023年10月訪問以色列時，表示「自己是以一名猶太人的身分來到這裡」。把以色列受到的攻擊描述得像是因身為猶太人才會受到攻擊，將其定調在反猶太主義、納粹大屠殺的脈絡中。這是以色列支持陣營的政治宣傳。

此時，我們能做的、必須做的是將這個事實清晰地傳

達給所有人：今天，巴勒斯坦人是為了從占領狀態中解放巴勒斯坦而戰，這是一場歷史悠久的抗爭。

尤其是在主流媒體報導付之闕如的狀態下，透過社交平台等管道擴散這項訊息是非常重要的。昨天NHK的特別節目中，雖然也指出必須直面問題的根源，卻依舊沒有清楚指出，究竟什麼才是問題根源。

問題的根源，是殖民者所懷抱的殖民主義；所要面對的，是該如何處理殖民主義侵略的歷史。這同時也是日本的歷史問題，是身在日本的我們的問題，所以主流媒體避口不提。從這點而言，日本也是以色列在歷史問題上的共犯和盟友。

巴勒斯坦演員朱利亞諾・哈米斯（Juliano Mer-Khamis）曾說過讓我十分難忘的話。2005年，朱利亞諾訪問日本時，我帶他參觀京都的宇登呂地區。亞洲太平洋戰爭時期，日本出於國家政策興建軍用機場，宇登呂就是當時來自朝鮮的勞工的聚居地。戰後，一些無處可去的朝鮮勞工留滯於此，成為「在日朝鮮人」。但這片土地卻在泡沫經濟時期被不知不覺地轉售給不動產業者，居民面臨返還土地的拆遷訴訟，並且確定敗訴。我們前往宇登呂地區時，正好是居民隨時可能遭到強制遷離的時期。

朱利亞諾看到居民們為了能留在宇登呂而抗爭的身影，他表示，「我們難民營中第一代、第二代難民女性也同樣在抗爭。知道在東亞的這塊土地上，也有人在與我們相同的抗爭中不斷奮戰，這件事帶給我勇氣和鼓勵。」

另一件我們所能做的事，就是由我們親自和目前仍存在於日本的殖民主義對抗。

日本也有種族歧視和種族仇恨。把哈瑪斯與恐怖分子畫上等號，這和敵視朝鮮學校在結構如出一轍。確實地去對抗屬於我們自身的問題，這也是一種對巴勒斯坦的聲援。

問題：對於那些漠不關心的人，要怎樣才能喚起他們的注意呢？

如果將問題範圍限定在當下此刻，我認為先從那些可能會關心這個問題的人著手會比較好。

以目前的情勢而言，仍然有人對此毫不在意，這確實令人感到難過。即便如此，我們仍然可以等到這場攻擊結束後再去喚起他們的關注。當前，我們應該集中所有的時間、精力以及各種資源，盡一切努力實現停火。所以，那些有限的資源應該用在那些關心此事卻不知如何行動或參與的人，這樣才能更有效地推動事情向前發展。

問題：我不是這方面的專家，我也有資格向其他人說正在巴勒斯坦發生的事嗎？敘述的時候，有什麼必須注意的地方嗎？

起初我也是什麼都不了解。

我從國中、高中開始對納粹大屠殺歷史產生興趣，大學就讀阿拉伯語系，但過去仍是從「猶太人歷經大屠殺的劫難，好不容易在巴勒斯坦建立起自己的國家，阿拉伯人卻因憎恨而攻擊猶太人」，這種錫安主義的角度來看以巴問題。後來，接觸到前面演講中提過的那位巴勒斯坦作家卡納法尼的作品，我才開始認識並更深入地了解巴勒斯坦。

透過巴勒斯坦，我看到了日本的殖民主義問題。生在日本人家庭中，和大家一樣讀書還考上了大學，也在歷史課上學過殖民統治的歷史，但其實我根本沒有理解那到底意謂著什麼。接觸到巴勒斯坦以後，我第一次認識到日本對朝鮮殖民統治、在日朝鮮人、沖繩還有阿伊努民族等問題。

每個人一開始都是一無所知的，所以只要能不斷地學習就好。

不過，這其實也非常困難。就像剛才提到過的，以色列透過公共外交散布各式各樣的假訊息、宣傳資訊。這樣一來，人們就會覺得「這邊說是這樣，那邊說是那樣，但

我根本無法判斷哪邊才是正確的。還是什麼都別說好了，免得搞錯說錯」。這正是以色列想要的結果，只要人們不站在巴勒斯坦那一邊，他們就成功了。

因此，關鍵還是在於查證。不管有什麼疑惑，隨時歡迎大家詢問我。

問題：以色列的猛烈攻擊持續不休，為什麼在這種情況下，美國還要支援以色列呢？

美國支持以色列，提供經濟援助。應該有很多人會想問，為什麼美國要如此大力支援以色列？但過去美國對以色列的援助金額並沒有今天這麼多。

以色列接受的美國對外援助金額相當高，排名其後的則是埃及，兩國共計占去美國對外援助的一半。美國支援埃及的理由是其所在位置，以及與以色列的同盟關係。而美援也支持了埃及前總統穆巴拉克長達30年的獨裁統治。

一般來說，出錢的贊助者才是強勢方；贊助者的反對，應該可以限制行動不再升級。直到某個時點為止，美國和以色列之間也是如此。然而，美國的親以色列政治團體（即以色列遊說團體）對美國國內政治影響力卻變得極為巨大。

順帶一提，當談到這些團體時，我們應該避免使用

「猶太遊說團體」一詞。因為，就像是在10月號召占領美國國會大廈的猶太組織「猶太和平之聲」（Jewish Voice for Peace），也有許多反對錫安主義的猶太人，他們也在進行遊說活動。只是這些左派人士往往缺乏資金。雖就人數而言雙方大抵不相上下，不過支持以色列的猶太人和基督徒資本雄厚。從某個時期開始，和後者為敵，就會陷入在選舉中「無法當選」的處境中。

例如，美國前總統歐巴馬（Barack Obama），他在民主黨初選中勝出成為總統候選人後，第一句話便是「我支持以色列的生存權」，藉此宣告對以色列的支持。如此一來，便能得到親以色列團體、錫安主義派的團體高額捐款。

2014年以色列對加薩發動攻擊，此舉引發國際反對聲浪。然而，就和這次一樣，美國參議院通過對以色列提供額外的武器支援，而且還是全體一致通過。就算一個人也好，出來表示反對也不會改變結果，卻沒有人投下反對票。就連被稱為進步左派的桑德斯（Bernie Sanders）也投下了贊成票。

因為要是投下反對票，下次的選舉就會得不到支援而落選。這一切都變成國內選戰的延長。同樣是在2014年，在以色列持續攻擊加薩時，紐約市議員候選人舉行了表達支持以色列的集會。

在日本，為了打贏選戰，候選人通常會挨家挨戶地鞠躬握手，進行掃街拜票以爭取選民支持。美國的選舉中，缺乏資金的候選人也會由志願者逐戶打電話拉票。但若能獲得親以色列團體的支持，便能籌得資金展開一場有效的選戰。倘若得罪了這些團體，就很難選上總統或成為參議員。這種結構已在美國國內成型，也成為美國支持以色列的一大理由。

雖然在錫安主義的攻擊中喪生的巴勒斯坦人確實讓人非常痛心，但現在似乎沒人能阻止這一切。許多以色列人正在放棄自我人性，完全失去了對他人痛苦的理解。讓我感到十分悲哀。我希望有人能阻止這一切，讓這些人不要再犯下更多的罪行。

問題：希望能詳細說明什麼是 BDS 運動。

感謝提問。BDS 運動是指對以色列發動抵制（Boycott）、撤資（Divestment）和經濟制裁（Sanctions）。

這是占領下的巴勒斯坦民眾在第二次大起義時發起的草根運動，其原型是過去國際為終止南非種族隔離而進行的抵制運動。

由於該運動具有實質影響力，美國部分城市和州已通過法案將 BDS 列為違法，並制定了相關條例。大約 5 年前，

德國聯邦議院也判定BDS違法。以色列則拒絕主張、宣揚和倡導BDS運動的團體以及個人入境。*

編注：BDS運動的宗旨是透過和平理性的經濟手段控訴以色列政府侵犯巴勒斯坦人和其他阿拉伯人的人權、土地和性命，而反BDS法則以保護以色列人及猶太人免受歧視的名義推行。

儘管現在各國政府表現出對BDS運動的劇烈反動，但民間卻是大力推行。

我認為大家應該踴躍參與BDS行動。

前面有人詢問該如何才能喚起漠不關心者的注意力。其實許多以色列猶太人對政治冷感，無論巴勒斯坦人的境遇如何悲慘也不會引起他們關注，只期望自己生活安穩無憂。

但是，如果他們不對當前以色列實施的種族隔離政策表示反對，可能會影響到他們自身，比如研究人員可能無法出席國際學術會議、運動員可能無法參加國際賽事。倘若如此，或許他們會開始關心巴勒斯坦問題，為此發聲。所以，我們應該以更有效的方式推動BDS。在日本，除了BDS Japan Bulletin，還有BDS Tokyo、BDS關西等團體在積極展開活動。

• • •

（對關注「外籍人士收容問題」參加者發言的回應）

義大利哲學家阿岡本（Giorgio Agamben）著有《神聖

之人：主權權力與赤裸生命》（*Homo sacer. Il potere sovrano e la nuda vita*）一書。書名原文「Homo sacer」直譯是「神聖之人」，是羅馬法中有罪者的特殊形象：他們是可以被殺死且不能用於獻祭之人，而殺死他們的人也不會被問罪。

　　阿岡本稱「神聖之人」是被排除的「裸命」（la nuda vita）。也就是說，人原本便是政治性的存在與主體，然而「神聖之人」卻非如此，是被回歸為「只是單純活著」的生命，即裸命。阿岡本所舉的例子是被送到滅絕營的猶太人。他們是就算被殺死，殺人者也不會因此被問罪的生命。

　　加薩的巴勒斯坦人、約旦河西岸的巴勒斯坦人，或者說，在日本被移送到出入境管理局收容所的外籍收容人，都可以稱為是裸命的「神聖之人」。他們來到日本，卻因沒有正式的居留資格而落入法律裂縫，因國家而被排除在保護之外。他們在收容所的處境，和現在巴勒斯坦人在以色列占領下失去國家保護的處境，可說如出一轍。

　　每當思考巴勒斯坦問題時，這些就會在我腦海中全部串連起來。我認為，思考外籍人士收容的問題，也是和巴勒斯坦站在一起。

※本書根據以下演講內容重新編輯而成。

※本書根據以下演講內容重新編輯而成。

2023年10月20日「緊急學習會：加薩是什麼地方」（緊急学習会 ガザとは何か）於京都大學

2023年10月23日「了解加薩的緊急研討會：做為人類的恥辱」（ガザを知る緊急セミナー 人間の恥としての）於早稻田大學

被誤解的加薩：加薩是什麼地方？透視以巴衝突
的根源／岡真理著；韋杰岱，蔡傳宜譯.
－初版.－臺北市：麥田出版：英屬蓋曼群島商
家庭傳媒股份有限公司城邦分公司發行，2024.09
　面；　公分
譯自：ガザとは何か：
パレスチナを知るための緊急講義
ISBN 978-626-310-720-5（平裝）

1.CST: 中東問題　2.CST: 中東戰爭　3.CST: 國際衝突
4.CST: 巴勒斯坦　5.CST: 以色列

578.1935　　　　　　　　　　　　　　　113010077

被誤解的加薩

加薩是什麼地方？

透視以巴衝突的根源

〈GAZA TO HA NANIKA～PALESTINE WO
SHIRU TAME NO KINKYU KOGI〉
Copyright © MARI OKA 2023
First published in Japan in 2023
by DAIWA SHOBO Co., Ltd.
Traditional Chinese translation rights
arranged with DAIWA SHOBO Co., Ltd.
through AMANN Co., Ltd.
Traditional Chinese edition copyright © 2024
by Rye Field Publications,
A Division of Cite Publishing Ltd.

協力：
緊急學習會 ガザとはなにか 実行委員会
〈パレスチナ〉を生きる人々を想う学生若者有志の会
Independent Web Journal (IWJ)

作　　　者	岡 真理
譯　　　者	韋杰岱　蔡傳宜
責任編輯	林如峰
國際版權	吳玲緯　楊　靜
行　　　銷	闕志勳　吳宇軒　余一霞
業　　　務	陳美燕
副總經理	何維民
事業群總經理	謝至平
發 行 人	何飛鵬

出　版

麥田出版
11563 台北市南港區昆陽街 16 號 4 樓
電話：(02)2500-0888　傳真：(02)2500-1951
網站：http://www.ryefield.com.tw

發　　行

英屬蓋曼群島商家庭傳媒股份有限公司城邦分公司
11563 台北市南港區昆陽街 16 號 8 樓
網址：http://www.cite.com.tw
客服專線：(02) 2500-7718; 2500-7719
24 小時傳真專線：(02) 2500-1990; 2500-1991
服務時間：週一至週五 09:30-12:00；13:30-17:00
劃撥帳號：19863813　戶名：書虫股份有限公司
讀者服務信箱：service@readingclub.com.tw

封面設計　許晉維
印　　刷　漾格科技股份有限公司
初版一刷　2024 年 09 月

定　　價　新台幣 380 元

香港發行所

城邦（香港）出版集團有限公司
香港九龍土瓜灣土瓜灣道 86 號順聯工業大廈 6 樓 A 室
電話：+852-2508-6231　傳真：+852-2578-9337
電郵：hkcite@biznetvigator.com

馬新發行所

城邦（馬新）出版集團【Cite(M) Sdn. Bhd. (458372U)】
41, Jalan Radin Anum, Bandar Baru Sri Petaling,
57000 Kuala Lumpur, Malaysia.
電話：+603-9057-8822　傳真：+603-9057-6622
電郵：services@cite.my